我们一起解决问题

赢在人力资源系列图书

企业灵活用工实操手册

陈豪 著

人民邮电出版社

北　京

图书在版编目（CIP）数据

企业灵活用工实操手册 / 陈豪著. -- 北京 ：人民
邮电出版社，2020.12
（赢在人力资源系列图书）
ISBN 978-7-115-55038-5

Ⅰ．①企… Ⅱ．①陈… Ⅲ．①企业－用工制度－中国
－手册 Ⅳ．①F279.23-62

中国版本图书馆CIP数据核字(2020)第191507号

内 容 提 要

2020 年年初，"账上现金流扛不过 3 个月，2 万多名员工待业"的西贝餐饮选择了
一条新路径：让 1000 名员工在盒马鲜生实现了"临时再就业"。面对经营压力和高额
的用人成本，灵活用工成为企业开展自救的方式之一。但是，由于灵活用工人员的流
动性大、与企业的匹配度不高、到岗率低、管理难度较大等问题，很多企业管理者对
灵活用工方式依然心生顾虑。

本书详细介绍了企业用工关系的类型，讲解了用工关系和社会保险的关系，重点
介绍了各种灵活用工方式的定义、特点，以及薪酬发放和个税缴纳的方式，目的在
于帮助企业管理者合法合规地聘用各种类型的员工，从而降低用人成本，提升经营
效益。

书中不仅有理论阐述，而且设置了实例分析、答疑解惑、总结与思考等模块，并
利用大量的实用工具介绍了各种灵活用工方式的法律规定、使用形式和注意事项等，
实操性非常强。

本书适合企业各级管理者，尤其是人力资源管理人员阅读。

◆ 著　　陈　豪
　　责任编辑　刘　盈
　　责任印制　彭志环

◆人民邮电出版社出版发行　　北京市丰台区成寿寺路 11 号
　邮编 100164　　电子邮件 315@ptpress.com.cn
　网址 https://www.ptpress.com.cn
　北京七彩京通数码快印有限公司印刷

◆开本：690×970　1/16
　印张：14.5　　　　　　　　　　2020 年 12 月第 1 版
　字数：200 千字　　　　　　　　2025 年 6 月北京第 19 次印刷

定　价：66.00 元
读者服务热线：(010)81055656　印装质量热线：(010)81055316
反盗版热线：(010)81055315

 **推荐序**

灵活用工——为企业和就业个体提供更多选择

2020 年的这场疫情影响了太多的国家和企业。《华盛顿日报》称 2020 年美国有近 500 万人或将失去工作岗位。在中国，阿里巴巴旗下的盒马鲜生率先起用"共享员工"，并邀请更多的餐饮企业加入其中，共同抗击疫情带来的不利影响。这种悄然兴起的"共享员工"模式，本质上也是灵活用工的一种形式。对于企业来说，灵活用工可以帮助企业实现资源的灵活配置、规避经营风险、降低运营成本。灵活用工的优势主要在于灵活性，个人除了可以自由选择自己想要从事的项目类型之外，还可以选择自己想要为之工作的雇主，甚至可以协商自己偏好的合作方式。这有助于企业与个人建立更加多样化的关系，让个人更好地实现工作与生活的平衡，让企业能够降本增效、快速发展。通过灵活用工平台，企业可以对非核心岗位采用灵活用工模式，以灵活用工的策略保证员工人数恰到好处。这种模式更加灵活，企业不需要付出额外的费用，也不需要复杂的入离职流程，企业节省了成本，人才价值也可以得到充分发挥。从个人角度来说，固定的全职工作意味着固定的收入，而选择以灵活用工的方式来增加收入，不失为一种不错的选择。

有调查显示，如今不但是传统型企业青睐灵活用工，在新经济领域亦是如此，互联网 / 电商、金融、新制造、信息科技、新零售等新经济领域在 2014—2018 年释放了约 30.8 万名灵活用工人员，占其间全国灵活用工人数增量的 52.4%。据预测，新经济领域在 2019—2023 年贡献的灵活用工人数增量占比有望提升至 64.7%。从整体市场来看，预计到 2023 年，灵活用工人数有望增长至 261.8 万人。相较于传统的固定合同雇佣，灵活用工在人力资源层面上为企业和就业个体提供了更多的选择。直播网红、微商、骑手等新职业的收入已经远超办公室白领这类传统职业，而与这些群体达成灵活用工关系的平台也顺应了自己用人需求的波峰波谷，在节省成本的同时满足了资源的优化调度。

本书的作者陈豪也是三茅网的行业先锋导师，在甲方和乙方都有过多年的工作经验，他年纪不大，却一直深耕于劳动关系及员工关系领域。本书对中小企业劳动关系的四大缺陷及解决方案做了详细阐述，对临时工、委托代理、共享员工、灵活地点办公等进行了详尽的指导说明。本书就现阶段大热的话题——如何降低企业用工成本，即去劳动关系下的灵活用工也进行了非常细致的说明。

针对劳务派遣及人力资源外包，作者不但进行了阐述与说明，还提供了多套拿来即用的模板及工具，对企业如何进行劳务派遣员工管理、如何签订外包协议等一一展开论述，最终通过案例分析及答疑解惑板块帮助建筑施工等多个需要灵活用工的企业构建自己的灵活用工方案。

现在，市场上充斥着大量以灵活用工为幌子，实则骗取企业代理费的机构，很多企业管理者和 HR 因为摸不透其中的门道而损失惨重。本书作者站在企业的角度，以预防、布局等思维帮助企业有效规避用工风险、规范实施灵活用工。

读者拿到这样一本灵活用工操作手册，不仅可以获得工作指导，更能得到详细的方法及操作工具，相信它对于企业决策者及 HR 都是非常有帮助的。

徐渤

三茅网首席人力资源专家、内容总监

灵活用工——未来零工时代的新需求

认识陈豪是在几个月前的一次上海分享会上，我作为分享嘉宾，与大家分享了 2020 年比较火的"灵活用工"话题。受到疫情的影响，这类业态在市场中呈现井喷式增长。会上很多人表达了自己的观点，我则是以"税法 +"为切入点讲解了灵活用工结算层面涉及的"委托代征"问题。

一个月后，陈豪邀请我为这本书写序。我们又深度聊了一次，面对面地交流了关于这本书的部分观点。在这本书通过二审后，我花了一天的时间看完了样稿。这本书通俗易懂，用对话的方式让人们觉得这些案例就发生在自己身边。

我有超过 10 年的产业招商、税务咨询、人力资源等第三方服务企业的从业经历。一年多前我开始为多家企业提供模块化项目的咨询及顾问服务，目前我已经实现了灵活就业。作为"灵活用工"垂直领域项目寻猎观察分析师，我正在与互联网新经济、灵活用工平台、共享创新服务等垂直行业领域的上百家企业开展合作。

近几年，随着互联网平台经济及其他新业态、新模式的应运而生，我国相关部门相继出台了多项鼓励互联网平台经济、新业态新模式下灵活就业的政策，支持拓宽灵活就业渠道，培育发展新动能。

国家信息中心分享经济研究中心发布的《中国共享经济发展报告2020》显示："2019年我国共享经济市场交易规模为32828亿元，比上年增长11.6%，其中生活服务、生产能力、知识技能三个领域共享经济交易规模位居前三。2019年我国共享经济参与者人数约8亿人，参与提供服务者人数约7800万人。"

随着新业态的不断增加，灵活用工服务人员的数量也将呈现爆发式增长。灵活用工这种模式将碎片化的时间和任务集合起来，大大降低了新业态、新模式领域的用工门槛，调整了企业的用工模式，促使就业模式更加灵活。

本书从五大框架（即企业布局灵活用工的意义和方向、企业用工关系的分类汇总、劳动关系下的灵活用工、去劳动关系下的灵活用工、企业如何构建多元化灵活用工关系）出发，以通俗易懂的文字、很接地气的情景式对话，引出了每一章要阐述的内容，并在答疑解惑和实例分析板块向读者提供了一些实操建议。

目前我国法律对"灵活用工"的概念尚没有明确的定义，但这类模式在新业态背景下符合当前市场及未来零工时代的需要。本书作为一本灵活用工的实操手册，可以给目前井喷式增长的灵活用工市场指明方向，让想采取"灵活用工"模式的企业管理者找到操作的依据。

林海

"灵活用工"垂直领域项目寻猎观察分析师

前　言

很高兴受人民邮电出版社普华公司的邀请，编写这本《企业灵活用工实操手册》。从业以来，我始终关注灵活用工方面的一系列变化和相关政策。巧合的是，近年来我自己也躬身入局，成为灵活就业群体中的一员，再加上我以往的 HR 从业经验及第三方人力资源公司咨询顾问的工作经验，这些经历让我更能从一线的视角去看待灵活用工这一用工方式。

我国灵活用工的发展既需要宏观的整体战略，也需要微观的落地执行。前些年，人力资源管理领域曾热议灵活用工，但多是基于组织变革、组织平台化等理论层面；到了 2019 年——社保归税务征收元年时，业内对灵活用工的热度仍停留在讨论层面。2020 年年初，新冠肺炎疫情突然爆发，随之而来的企业灵活用工方式成了热点，并得到了具体实施，其间有不少大胆创新。

众所周知，"灵活用工"不是一个严格的法律概念。这就意味着不同的行业、不同的人员在谈论灵活用工的时候，所站的角度、所持的目的、进行的分类和理解的方法都是截然不同的。例如，劳动者和人力资源公司眼中的"灵活用工"就是两类不同的形式，有些专家学者会把除标准劳动关系以外的用工认定为灵活用工。但无论是哪种形式的认知，我们对"灵活用工"的共识都在于"灵活"这两个字。不管是"绝对灵活"还是"相对灵活",在标准劳动关系下都可能存在"灵活用工"。之所以"灵活用工"会出现定义上的巨大差别,实际上是因为参照的"标准"不一样。因此,本书的重点不是以哪类人的视角解读"灵活用工",而是基于"灵活"解读"灵活用工"。

近年来,许多专家对于企业灵活用工的实操问题提出了相关意见和建议,有专家提出制定灵活就业办法,有专家对民法典草案提出了自己的意见,也有企业代表认为对于成立不足两年的企业应该给予更多的自治空间,等等。

2021年,《中华人民共和国民法典》将正式实施。《民法典》中的很多条款都涉及了对企业灵活用工方式的管理。借此契机,我也在本书中的适当环节加入了《民法典》的最新规定和相关说明,以帮助大家了解最前沿的法律知识。

一直以来,国家都在高度关注新业态、灵活用工和灵活就业问题,如2020年7月15日颁布的《关于支持新业态新模式健康发展 激活消费市场带动扩大就业的意见》中明确强调,"积极培育新个体,支持自主就业""大力发展微经济,鼓励副业创新""强化灵活就业劳动权益保障"。所以,从"天时""地利""人和"这三个角度看,企业全面开展灵活用工方式已经具备了落地实践的条件,无需多时,我们HR将可以乘风破浪了。

目 录

第二章

企业用工关系的分类汇总 // 023

第三章

劳动关系下的灵活用工 // 041

第一章

企业布局灵活用工的意义和方向

老板：今年（2020年）初疫情突如其来，生意不好做啊。小陈，你有什么办法吗？

HR（小陈）：依我看，开源是行不通的，我们可以尝试节流。

老板：最近看新闻，有些餐饮公司和互联网生鲜平台合作"共享员工"，你知道这是怎么操作的吗？

HR：哦，"共享员工"就是灵活用工的一类嘛……

老板：你了解？太好了，就这么愉快地决定了，干起来干起来！

HR：老板你等等，我还没说完……

第一节　灵活用工的八大优势

灵活用工的优势是显而易见的，它主要表现在以下八个方面，如图1-1所示。

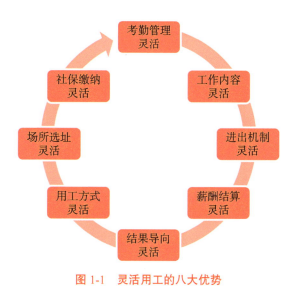

图 1-1　灵活用工的八大优势

一、考勤管理灵活

传统的考勤管理模式是基于我国工时管理的相关规定形成的，管理方式较为固定、刻板。例如，在标准工时下，多数企业采用的是每天朝几晚几（如朝九晚六），每天工作 8 小时，每天至少打卡 2 次的考勤方式。这样的考勤管理方式极度缺乏灵活性，众所周知，互联网企业的工作时间和考勤管理方式都是弹性的。

灵活用工的第一个优势就是在考勤管理方面实现了灵活性，企业不再限定员工的上下班时间，不限定工作时长，更不需要员工上下班时打卡。

从考勤方式变化衍生出来的就是工时制度的变化，而工时制度的变化也会对考勤方式带来一定的影响。目前，在我国现行的工时种类中，只有企业在实施不定时工时制和综合工时制时可以实现考勤管理方式的部分灵活。

二、工作内容灵活

人力资源从业者都知道，劳动合同中的必备要素之一就是工作内容，但是绝大多数劳动合同都弱化了工作内容这个要素，而是重点突出了工作岗位及工作部门。这和传统的人力资源管理观念有很大关系。传统的人力资源管理理论对工作岗位的描述远多于工作内容，岗位描述有"岗位说明书""岗随薪变""人岗匹配""岗位价值"等。

实际上，工作内容比工作岗位更重要，人力资源管理工作的核心应该是工作内容，而不是工作岗位。

灵活用工这一用人方式很好地遵循了这一逻辑，弱化了岗位属性，强化了工作内容，使企业将自身的工作需求与员工的技术专长进行了完美匹配，实现了工作内容的灵活性。

三、进出机制灵活

在已实现全民普法的今天，企业想要像过去那样简单粗暴地解除或终止员工的劳动关系已不再可能。透明的信息＋免费的仲裁使得员工"出公司"比"进公司"要艰难得多。

由于灵活用工适用的法律不同，不仅员工在"进公司"的时候非常灵活，在"出公司"的时候，企业和员工都可以根据约定，选择合理的退出方式。灵活用工使企业在员工的进出机制上变得更加灵活了。

四、薪酬结算灵活

在传统的劳动关系中，薪酬结算方式相对比较固定，一般分为月薪制和年薪制。无论是月薪制还是年薪制，公司至少要在每个月向员工支付一次工资，并且工资支付标准要符合我国相关的法律规定，如最低工资标准、试用期工资标准等。同时，公司每个月向员工支付工资的时间往往不会轻易改变。

此外，在传统的劳动关系中，薪酬结构包括工资、绩效、提成、奖金、补贴等不同的名目，在实际发放时存在很大的区别。遇到加班费、病假工资、经济补偿金等项目结算时，企业与员工经常会因为薪酬结构的认定而发生争议。

企业在采用灵活用工方式时，可与员工自由约定薪酬结算金额、结算规则、结算频次等，最大限度地满足双方的需求，体现双方的真实意图。

五、结果导向灵活

传统的用工方式注重劳动过程，之所以很多企业管理者热衷于执行

"996""007"的工作时间，正是因为他们觉得只要工作时间长，员工就一定能做出成绩。

实际上，加班未必能换来管理者想要的效益，许多加班甚至是徒劳无功的，因为每个人每天的精力在 8 小时的工作中就已经消耗殆尽了。

灵活用工是以结果作为导向的工作方式，不强调苦劳，只强调功劳。由于工作结果可以直接实现量化，所以灵活用工结果导向的灵活性和成效是显而易见的。

六、用工方式灵活

自从 2008 年《中华人民共和国劳动合同法》实施以后，企业在与员工建立劳动关系时，都会与其签订劳动合同。许多企业和个人都忽视了多元化的用工方式，只是把关注重点放在了劳动关系上。

事实上，劳动关系只是我国多元化用工关系中的一类（后文会介绍目前常见的用工关系）。灵活用工的出现打破了企业固有的劳动关系，实现了用工方式的灵活性和多元化。有关数据表明，许多已采取灵活用工方式的企业都感受到了这种灵活性给企业带来的好处。

七、场所选址灵活

在传统的劳动关系下，为了便于企业管理员工，为员工提供相应的工作条件，企业会根据实际情况设置办公场所，让员工在指定的办公场所集中办公。

集中办公不仅会使员工将大量的时间花在上下班的路上，而且有可能引发工伤风险。

灵活用工则很好地规避了这一风险，只要有计算机和网络，员工可以选择在家、咖啡馆、图书馆等场所办公。

八、社保缴纳灵活

《中华人民共和国社会保险法》出台后，劳动关系便和社保缴纳连接在了一起。法律规定，企业与员工建立劳动关系时必须为员工缴纳社会保险。与社会保险绑定的做法确实为员工提供了一定的保障，但同时也提高了企业的用人成本。

灵活用工这一方式在社保缴纳方面就体现出了它的灵活性。由于在采用灵活用工这一方式时，企业与员工并不具备传统的劳动关系，进而社保缴纳不再具有强制性，企业可以根据不同的用工关系为员工缴纳不同类型的保险，如社会保险、商业保险、雇主责任险、单工伤保险等。

第二节　灵活用工阶段工资发放概述

从本质上说，工资发放和灵活用工这一方式并没有直接的关联。自从 2019 年《中华人民共和国个人所得税法》实施以来，个人所得税的种类只包括以下九类：

（一）工资、薪金所得；

（二）劳务报酬所得；

（三）稿酬所得；

（四）特许权使用费所得；

（五）经营所得；

（六）利息、股息、红利所得；

（七）财产租赁所得；

（八）财产转让所得；

（九）偶然所得。

除此之外，有很多无需缴纳个人所得税的收入，如生育津贴、军人转业费、保险赔款等。所以，收入性质的认定、工资发放的标准和企业是不是存在灵活用工没有直接关联，更多的是判断企业发放给员工的这笔钱是什么性质的。例如，劳动关系下企业每月发放的工资按照"工资、薪金所得"计算；劳务关系下的一次性劳务收入则按照"劳务报酬所得"计算。在后文中，笔者会针对不同的灵活用工形式，讲解对应的收入认定或工资发放标准。本书对各类收入的个人所得税计算公式不作赘述，HR 多熟悉《中华人民共和国个人所得税法》及《中华人民共和国个人所得税法实施条例》等相关文件即可。

第三节 劳动关系面临的四大缺陷

近年来，有专家认为现有用工制度制约了企业的用工积极性，增加了管理难度和成本，加剧了企业与员工之间的紧张关系，是制约劳动力市场灵活性、制约和谐劳动关系的主要制度障碍。

在实际操作中，企业遇到的用工问题不仅多，而且棘手。劳动关系的缺陷大致可以总结为如图1-2所示的四点。

图1-2 劳动关系的四大缺陷

一、企业成市巨高

在企业的各项成本中，人力成本是重要的组成部分，被称为"最昂贵的成本"，这也使得劳动关系被称为"最昂贵的用工方式"。基于劳动关系所产生的人力成本包括但不限于招聘成本、培训成本、试错成本、人工成本、管理成本、假期成本和离职成本等。

（1）招聘成本：即招募成本＋选拔成本＋录用成本＋安置成本等。

（2）培训成本：即上岗前教育成本＋岗位培训成本等。

（3）人工成本：即工资总额＋福利费用＋教育经费＋劳动保护＋员工住宿＋社保成本＋其他人工支出等，其中社保成本包括养老保险、医疗保险、工伤保险、失业保险、残疾人保障金等（我国目前正在实行医疗和生育保险的统筹，所以此处仅列举一项）。

（4）管理成本：即劳动合同管理＋代办事项管理＋考勤管理＋调岗调薪管理＋竞业限制管理＋商业秘密管理＋服务期约定管理等。

（5）假期成本：即三期成本＋病假成本＋医疗期成本＋年假成本＋工伤成本＋陪产假成本＋探亲假成本＋护理假成本等。

（6）离职成本：即离职补偿＋离职管理费用＋空职成本等。

在 HR 的日常工作中，核算以上成本的难点是具体金额的测算。部分成本属于隐性成本，无法用数字来衡量。试错成本、时间成本，甚至空职成本等都属于隐性成本。同时，部分成本既不固定也不可控，如假期成本。这就使 HR 在测算和评估人力成本时可能会出现巨大的误差，导致人力成本居高不下。据不完全统计，一名员工一个月消耗的人力成本，至少为该员工税前月薪的 3~4 倍。由此可见，劳动关系成本巨高名不虚传。

二、员工效率低迷

很多企业管理者试图采取"以时间换取金钱"的方式管理员工，即劳动者的工资体现的是劳动者的出勤情况，而非劳动者的工作成果，这就使部分企业内部形成了"摸鱼"文化。员工"摸鱼"不仅可以拿到出勤工资，而且能够"摸"到加班费，何乐而不为？

三、各地裁决差异

即使国家层面的规定相同，地方也存在属地化的条例规则，并且各地的司法惯例倾向是不同的。各地不同的规则和裁决差异使企业在执行政策时会加重两极分化的程度：一类是走向定向的各地统一化，向总部或某特定城市看齐，如要求分公司必须按照总部的员工手册来执行；另一类是各地为政，按照各地属地化的规则运行。

四、管理手段僵化

曾有新闻报道，某女员工刚入职就怀孕或隐孕入职后一直请保胎假，到产假或哺乳期结束后便直接离职了。面对这种情况，企业只能吃哑巴亏。劳动关系中对这类特殊员工的保护，从另一个角度看也体现出管理上的僵化。

除了上述四点之外，传统的劳动关系还存在其他一些缺陷。例如，在新冠肺炎疫情肆虐时期，许多企业即使无法正常经营也不得不支付停工停产的相关费用，经济负担十分沉重。在快速发展和变化的今天，相对固化和僵化的劳动关系有点跟不上时代的节奏。越来越多的劳动争议似乎也反映了，相关用工制度和方式有可能成为企业与员工之间发生矛盾的导火索。

第四节　劳动用工标准与企业用工需求

劳动用工的法律法规和企业的用工需求存在一些不同特点，如图1-3所示。

劳动用工	企业用工
按劳用工	按需用工
劳动标准	经济标准
1995/2008	2019/2020
8/40	季节 / 淡旺季
解雇僵硬	来去自由

图1-3　劳动用工与企业用工的区别

一、按劳用工与按需用工

劳动用工的法律法规主要是保护作为弱势群体的劳动者，因此在现有法律规定中，会出现许多就业保护和禁止就业歧视类的相关条款，如保护女性三期职工、残疾职工等。管理者从企业的角度出发，需要聘用符合企业发展要求和工作内容的人才，而部分特殊情况员工确实难以满足企业某些岗位的需求。

二、劳动标准与经济标准

从现有的相关法律看，目前的工资支付标准不够灵活，主要以员工的出勤时间和是否正常提供劳动作为工资支付的主要参考标准。也就是说，只要员工在规定时间内出勤，并且正常提供劳动，无论劳动质量好坏、优劣、是否有结果，都不会影响他的工资性收入。

例如，近期我国各地的最低工资标准又出现了新的调整。月最低工资标准是指劳动者在正常出勤时间内提供正常劳动的最低保障性收入。

市场经济的特点之一就是优胜劣汰。换句话说，在市场经济的大环境下，功劳是首要的，苦劳是次要的。功劳是体现企业或个人价值的最好的呈现方式。但在现行的标准下，苦劳却成为了不可或缺的要素。

在现行标准下，企业可以因为员工没有做好一项工作而不支付绩效奖金、年终奖等，但不能不支付工资；而在市场经济的标准下，企业可以因为员工没有做好一项工作而不向员工支付任何费用。

三、1995/2008 与 2019/2020

HR 对上述两组数字所代表的含义应该是比较熟悉的。我国以《中华人民共和国劳动法》为代表的一系列法律于 1995 年诞生。2008 年是我国互联网的萌芽阶段，以《中华人民共和国劳动合同法》为首的一系列法律在此阶段孕育而生。

2019 年是我国决定实行社保归税务征收的元年，2020 年对 1995 年和 2008 年的"老规定"做出了调整。

企业管理者希望实施的用工标准是一种灵活的用工标准，至少不是以"机关事业单位 + 制造业"为背景的用工标准。

四、8/40 与季节 / 淡旺季

如今，我国的服务业规模已经超过制造业，互联网行业也进入了高速发展的阶段。"每天工作 8 小时""每周工作 40 小时"更多的是传统制造业的工作方式，放在服务业与互联网行业中显然并不合适。从标准工时制、不定时工时制和综合工时制的出现，到互联网行业常说的弹性用工，再到"996""007"的盛行，无不体现出 8/40 工作时间模式对企业用工的冲击。

企业对用工时间的需求是有淡旺季之差的。例如，旅游类企业会基于淡旺季的变化对员工的工作时间做出相应的调整；咨询行业的工作灵活性较强，员工的工作时间甚至是间断、零散的。现在有些企业的员工看似每天工作 8 个小时，实际上他只是每天在办公室里待了 8 个小时。

五、解雇僵硬与来去自由

随着法律对劳动者的保护，普法渠道的通畅以及劳动者维权意识的增强，企业解雇员工的操作方法变得极其僵硬。

企业管理者希望员工能够来去自由，既能让员工把最宝贵的时间放在核心业务和工作上，也能够让员工人尽其用，提升工作效率。

答疑解惑

1. 老板不想给员工缴纳社保，HR 怎样利用灵活用工的形式规避风险呢？

答：灵活用工不是企业用来规避社保的工具，所以这个问题的出发点是不对的。灵活用工是企业和员工实现双赢的用工方式。

确实，部分灵活用工的形式不需要企业为员工缴纳社保，但它是建立在真实业务场景上的，如劳务关系、非全日制劳务关系等，这类用工关系在整体用工管理和劳动关系上存在比较大的差别。

2. 假设在一个超过三个月的项目中，有一个以结果为导向的岗位，企业想与个人签订长期的劳务协议，这样可否操作？

答：劳务关系的核心是以结果为导向的。企业与个人建立劳务关系后，在签订劳务协议时要避免"假劳务、真劳动"，防止被认定为劳动关系。具体的操作要点可以参考"第四章第一节"的相关内容。总而言之，企业在实操过程中要讲规矩。

3. 灵活用工有哪些常见的风险呢？如何通过流程规范进行规避呢？另外，法律对于灵活用工的岗位占比是否有相关规定呢？

答：在目前情况下，灵活用工还不是一个标准的法律概念，而是一种民间的俗称。因此，在对灵活用工这一问题进行深入探讨的时候，要先明确所谓的"灵活用工"究竟指的是哪一种法律规范下的用工方式，是劳务关系、经济关系，还是借调关系、派遣关系等。不同的用工关系对应的常见风险、规避方法甚至岗位占比等都不尽相同，目前比较明确的规定是劳务派遣人员占比不能超过企业总人数的10%，这一点也会在第四章中提到。

实例分析：疫情下灵活用工的必要性

我们公司是××公司的全资子公司，是××财务共享服务中心，以前公司的报销单据管理（如扫描、贴票、导入共享系统等工作）都是由实习生和正式员工一起完成的，主力军是实习生。但在疫情期间高校不允许学生实习，所以我们找了灵活用工的供应商来补充人力。

我们目前要求灵活用工的员工每天工作8小时、每周做五休二，这其实已经属于全职用工（灵活用工的员工每天工作不能超过4小时），严格来说供应商是需要给员工缴纳社保的，对吧？我问了供应商，他们采用的方法有两个：第一，他们和员工签订的劳务协议是和安徽的分公司签的，上海社保局不会查安徽的公司；第二，他们15天给员工发一次薪水，规避了全职员工月薪发放的形式要求。

我想咨询一下：

1. 如果员工提出劳动仲裁，虽然员工不和我们签合同，我们是否也存在用工风险？

2. 供应商规避用工风险的方法是否有问题？

3. 如果这样的操作方式不合法，我们又有这样的用工诉求，该怎么来操作呢？

4. 针对小时工派遣的形式，公司需要注意哪些地方呢？

解析：这是一个典型的受到疫情影响而产生的灵活用工的需求。

根据案例中提到的内容我们可以做出如下判断，供应商安排的"灵活用工"实际上属于典型的"劳务派遣"。基于这样的情况，我们对 HR 提出的几个困惑逐一进行解析。

1. 在"劳务派遣"的过程中，员工和劳务派遣公司签订劳动关系，用人方为劳务派遣公司，企业为用工方。尽管员工不直接和企业签订劳动合同，但当企业的劳务派遣合作方出现了违法违规现象，如劳务派遣公司没有将企业下发的工资款交给劳务派遣员工，企业将承担连带责任。当然，这类连带责任仅限于三方关系存在的时候，当三方关系不存在的时候，将无法连带到企业，这就是可能产生的用工风险。

2. 在本案例中，劳务派遣公司采用的其实是全日制的"派遣用工"，为了规避所谓的劳动用工风险，劳务派遣公司试图将其调整为非全日制用工。但是非全日制用工的设计要求比较繁琐，难度比较大。例如，非全日制用工要求员工每周不超过 24 小时的工作时间，而该劳务派遣公司已经严重超标；此外我国已进入全国互联互通的阶段，上海社保不查安徽的分公司并不是因为没法查，只要有员工举报，社保机构就可以轻而易举地查到。供应商的规避方式还是存在许多风险的。

3. 根据 HR 描述的情况和之前"灵活用工"的使用情况看，实习生、退休返聘人员及非全日制用工是比较符合企业整体需求的。当然这里指的是合法合规的实习生、退休返聘人员及非全日制人员。企业既可以自行招聘，也可以寻求第三方供应商的协助，关键是要合法合规。

4. 在派遣的过程中，派遣员工和劳务派遣公司需要签订不低于两年的固定期限劳动合同，并要遵守劳务派遣的相关规定。至于派遣员工以何种用工方式被派到企业则没有具体限制。也就是说，派遣员工可以被派遣到企业做小时工，但派遣员工必须和劳务派遣公司建立劳动关系，这是派遣的基础。在满足了这个条件之后，接下来就是企业如何以小时的方式安排派遣员工的工作时间了。所以小时派遣形式在本质上只规避了派遣员工和企业之间形成劳动关系的可能，而没有规避派遣员工和劳务派遣公司之间形成的劳动关系。劳务派遣公司应当履行相应的义务，否则企业会承担之前提到的连带责任。

总结与思考：企业实行灵活用工需要考虑哪些因素

企业在实行灵活用工之前，应当深谋远虑、三思而后行。我们从以下两个角度进行分析。

1. 企业自行开展灵活用工变革

企业自行开展灵活用工变革是具备优势的，因为企业的业务模式和组织架构只有管理者最清楚。企业管理者应该综合考虑以下五大因素。

（1）企业的整体业务和赢利方向

企业的业务模式可分为主营业务和非主营业务两种。例如，教育机构中的培训一定是主营业务，大多数公司的人力资源项目一定是非主营业务。此外，管理者还要判断所有业务中哪些是赢利业务，哪些是亏损业务。从图 1-4 所示的四象限的角度看，赢利的主营业务采用灵活用工的可能性很小，亏损的非主营业务采用灵活用工的可能性较大。

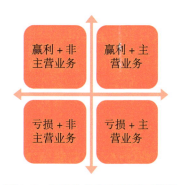

图 1-4　企业的业务和赢利四象限

（2）企业的整体组织架构

在传统的人力资源理论中，常见的组织架构分为直线制、直线职能制、事业部制、矩阵制和虚拟网格制等。直线制和直线职能制更多的用于管理劳动关系；事业部制、矩阵制、虚拟网格制则体现出了组织架构中比较灵活的一面，很符合灵活用工的特点。所以，采用这类组织架构的企业在进行灵活用工变革时会更加顺畅。

（3）岗位整体工作内容

企业需要判断该岗位的工作内容是以结果为导向的还是以过程为导向的；该岗位的员工能否独立完成工作内容等。这些因素都是衡量该岗位能否顺利进行灵活用工变革的重要因素。一般来说，以结果为导向、员工能够独立完成工作内容的岗位，更容易也更适合转型为灵活用工岗位。例如，自媒体、自由职业者等都符合这样的条件。反之，则较难进行灵活用工变革。

（4）岗位薪酬绩效体系

越来越多的岗位不仅只有固定工资，而是出现了"固定工资＋绩效收入＋奖金或提成＋补贴"等结构化的薪酬体系。绩效体系也变得可量化、重结果。这类绩效收入、奖金、提成等都是基于企业对岗位工作结果的考核，员工做得好则收入高，员工做得不好则收入低，非常符合灵活用工里"多劳多得"的整体理念。薪酬绩效量化让整个机制变得更加透明和公平。

（5）员工的执行力

2020 年年初，许多人开始居家办公，其中有一些人发现自己并不适合居家办公，他会呈现出和在办公室办公完全不同的两种状态。这是员工个人的问题，也是企业开展灵活用工变革时不得不考虑的问题。把不适合"灵活用工"的人强行转为"灵活用工"，这在本质上并不符合我们一直推崇的人岗匹配原则。员工的执行力是灵活用工人员必须具备的很重要的素质能力，第三章中会针对此问题进行深入剖析。

2. 企业选择供应商协助开展灵活用工变革

像前面案例中的企业一样，面对"灵活用工人员招聘难"等问题，很多企业会选择供应商来协助自己开展灵活用工变革。此时，企业需要考虑的因素除了上述五点外，还应当考虑以下四点。

（1）供应商的优惠政策，因为政策影响成本。

（2）供应商的用工合规性，尤其是外包岗、派遣岗的同工同酬情况。

（3）供应商的人员储备，毕竟有人才能有"灵活用工"。

（4）供应商的抗风险能力。

总体而言，企业要想开展灵活用工变革不能只靠一时的心血来潮，因为这是一件专业的事情，只有懂业务、懂组织的专业人员才有可能做好。这也是为什么近几年业内一直提倡 HR 要懂业务，懂业务的 HR 无论是转型还是升职、跨界，甚至是搭建灵活用工模型都能够做到有的放矢。灵活用工变革的过程必须要由懂业务和具备专业能力的 HR 主导完成。

第二章

企业用工关系的分类汇总

老板：我需要招聘一名新员工，他每天的工作量不固定，但是他要在办公室待命，工作时间是三个月，即招即用，不需要交社保最好。

HR：老板，你的这些要求让我好为难，我们公司与这名员工到底应该建立什么样的关系啊？

老板：这方面你是专家，你看着办，你这个月的绩效考核结果就看你的表现了。

HR：好吧。

第一节　企业用工关系种类大全

表 2-1 是企业和个人之间可能产生的所有用工关系及企业为员工缴纳社保的情况。

表 2-1　企业用工关系种类及企业为员工缴纳社保情况一览表

性质	用工关系	用工形式	企业为员工缴纳社保的情况
聘用	劳动关系	标准劳动关系用工形式	企业缴纳
		多重劳动关系	企业缴纳
		特殊员工（内退）	企业缴纳
	特殊劳动关系	股东	无工资不缴纳
		非全日制	单工伤
		劳务派遣	第三方缴纳
	民事聘用关系	退休人员	不缴纳
		在校实习生	不缴纳
合作	业务外包	第三方 BPO（业务流程外包）	第三方缴纳
	业务承包	个人 BPO（业务流程外包）	不缴纳
	业务承揽	个人独立完成不再转包	不缴纳
	内部创业	独立核算的小团体	不缴纳
	事业部制	组织架构为事业部制	企业缴纳
	借调委派	境内借调或境外委派	企业缴纳
	外部合作	挂靠经营关系	企业缴纳
		委托代理关系	不缴纳
		民事合作关系	不缴纳
合伙	合伙人制	业务合伙	不缴纳
		事业合伙	不缴纳
		股份合伙	不缴纳

（续表）

性质	用工关系	用工形式	企业为员工缴纳社保的情况
其他	下属、加盟企业人员	业务指导关系，用工主体分离	不缴纳
	临时工	临时用工	不缴纳
	特别民事代理	保险公司业务员	不缴纳
	停薪留职	两年内保留职位	新单位不缴纳
	内退协保	保留社保关系的下岗职工	新单位不缴纳
	学徒	参照《关于全面推行企业新型学徒制的意见》执行	不缴纳
	见习人员	国家见习基地补贴扶持	不缴纳

表 2-1 中选取了绝大多数企业和个人存在的用工关系，仔细观察后我们就能发现，企业和个人的用工关系只有两种：劳动关系与非劳动关系；在企业内部的关系与在企业外部的关系。本书将选取企业与个人之间最为常见的用工关系形式进行分析，包括"临时工""委托代理""挂靠用工及挂靠经营""劳务关系""经营关系""实习生""退休返聘人员""非全日制人员""特殊关系人员""劳务派遣人员""劳务外包人员"以及"灵活用工"与"灵活经营"人员。

第二节　"墙头草"一般的存在——临时工

老板：小陈，周末公司要举办一个大型线下活动，需要两名临时工在现场进行活动支持。

HR：老板，这场活动对临时工有哪些要求啊？活动结束后怎么安排他们？

老板：身强体壮、人高马大。活动结束后就不需要了，按天结算工资就行。

HR：您确定活动结束后就不需要了？

老板：可以考虑再留用一段时间，适当的时候可以调岗！

一、"临时工"与非全日制用工的区别和联系

我国现行的用工管理制度中已经不再使用"临时工"这个概念了。临时工是指企业因短期的项目需求或临时工作需要而招用的临时工作人员。临时工和非全日制用工一样，具有时间短、工作形式灵活的特点，深受一些企业管理者的欢迎。临时工和非全日制用工在本质上还是有一些区别的，如表2-2所示。

表 2-2　临时工和非全日制用工的区别

	临时工	非全日制用工
关系认定	非法律用工关系，企业与临时工可能是"劳动关系"，也可能是"劳务关系"	企业与非全日制用工是特殊劳动关系
工作时间	没有明确规定，根据关系认定判断	一般每天不超过 4 小时，一周不超过 24 小时
社会保险	没有明确规定，根据关系认定判断。因为"劳动关系"和"劳务关系"的社会保险缴纳情况不同。按照常规，企业应为临时工购买商业保险或雇主责任险保底	企业应为非全日制用工缴纳社会保险。合同中可以约定由个人缴纳社保，小时工资中包含个人需要缴纳的社保部分。但部分地区企业需要缴纳工伤或全部社保。建议企业给非全日制用工购买商业兜底保险或雇主责任险
劳动报酬	没有明确规定，根据关系认定判断	以小时工资为主
支付周期	没有明确规定，根据关系认定判断	不超过 15 天
个税处理	没有明确规定，根据关系认定判断	以工资薪金为主

从表 2-2 中可知，区分临时工和非全日制用工时需要根据法律认定关系来判断。临时工作为一个变量标准 X，当 X 的相关属性与非全日制用工完全相同时，临时工的法律关系也可能被认定为非全日制用工。非全日制用工的具体属性可以参考"特殊劳动关系——非全"章节。

二、"临时工"用工法律风险及操作办法

在实际工作中，虽然"临时工"不再是一种法律用工概念，企业只是以"临时工"的名义进行招聘，但实际上"临时工"常常被认定为劳

动关系或劳务关系的一种。一旦用人双方发生争议，"临时工"多会被认定为短期的劳动关系。同时，由于"临时工"的工作周期短，许多企业管理者抱着侥幸的心理，不给"临时工"缴纳相应的保险，一旦出现问题，企业将会承担非常大的法律风险以及由此产生的经济损失。鉴于此，企业在使用"临时工"的过程中应当注意以下两点。

（1）基于劳动关系或劳务关系，企业应为"临时工"建立不同的管理流程和管理制度，确定"临时工"的法律用工关系。

（2）企业应当为属于劳动关系的"临时工"购买社保和公积金，为属于劳务关系的"临时工"购买商业保险或雇主责任险。

第三节　跑腿专业户——委托代理

保险经纪人：小陈你好，我在跑业务的过程中不小心发生了交通事故，交警判定我无责，麻烦公司给我报一下工伤。

HR（小陈）：不好意思，根据你和公司签订的《保险代理人代理协议》，你和公司并不构成劳动关系，而是委托代理关系，根据相关规定，公司无法给你申报工伤噢。

保险经纪人：那我应该如何处理呢？

HR：保险经纪人发生意外事故后居然不知道该如何处理？我建议你调岗吧。

对于一些事务性、销售类的工作，企业可以将原有的隶属型管理模式改为指导型的代理合作模式，这种由垂直化模式向扁平化模式的变更，使得企业与个人之间失去了管理与被管理的劳动关系认定标准，业务代理关系的用工正是一种可以推广的灵活用工形式。但是，现实中的劳动关系与代理关系并非如此泾渭分明，甚至会出现用工双方同时存在劳动关系和代理关系的现象，企业应从佣金计发、指导模式、税务筹划、对外责任等方面进行细化和完善。

一、劳动关系与委托（委托代理）关系的区别

劳动关系主要是指用人单位招聘劳动者为其组织成员，劳动者付出劳动，用人单位支付劳动报酬且为劳动者缴纳社保等的一种法律关系。劳动者付出的劳动是用人单位业务的组成部分，劳动者接受用人单位的监督管理。

委托关系以委托合同为中心，委托合同是以委托处理事务为标的的合同，其核心内容就是由委托人和受托人事先约定好，由受托人有偿或无偿代理委托人处理事务，委托人与代理人无须存在身份上的隶属关系。委托人与受托人具有平等的主体关系。

劳动关系和委托关系的区别主要表现在以下五点。

① 委托关系虽然包含了劳务的给付，但给付劳务的目的并非委托，给付劳务仅是为了达到目的的手段；而劳动关系是以给付劳务为目的的。

② 委托关系中的受托人有权独立处理委托事务；而在劳动关系中，受雇人的劳务全部由雇主决定，受雇人无独立的支配权。

③ 在委托关系中，受托人虽原则上应以委托人的名义处理委托事务，但也可以自己的名义处理事务；而在劳动关系中，受雇人只能以雇主的名义开展活动。

④ 劳动关系的主体形式为 B2C；委托关系可以是 B2C、B2B 或 C2C。

⑤ 委托关系可以是法律行为；而劳动关系的标的通常为事实行为。

二、委托代理关系用工的应用与管理实务

在实际工作中，HR 要明确组织与哪些岗位或人员可以形成天然的委托代理关系；哪些岗位或人员需要通过委托合同和其他方式与组织形成委托代理关系。委托代理关系一般存在于公司的销售部门或特殊的保险代理人职务中。对于只按业绩付酬、不需要规章制度管理的人员，用人单位可以与其建立委托代理关系。这样既能让代理人充分发挥自己的能动性，又避免了用人单位的用工风险。

对于其他类型的岗位或人员，HR 要先明确构成委托代理关系的以下两个基本条件：

（1）市场中两个相互独立的个体，且双方都在约束条件下实现效用最大化；

（2）代理人与委托人面临着市场的不确定性和风险，且二者掌握的信息处于非对称状态。

所以，在委托代理关系中，以 B2C 形式呈现的委托代理关系，其重心应当落在结果的交付上，而不是在过程的管理上。

第四节　挂羊头卖狗肉——挂靠用工及挂靠经营

老板：小陈，我们公司刚开业，资质不够，你看能不能找几个有人力资源管理师一级证书的人员挂个证，给他们每年 2000 元的挂证费吧。

HR（小陈）：老板！这是挂靠！是违法的！

老板：噢，那你看看有没有资质合适的企业，咱们招投标的时候借用一下。

HR：老板！这也是挂靠！也是违法的！

老板：这也不行，那也不行，你说该如何处理呀？

HR：招一名有资质的员工入职，或者找个资质合适的企业合资，比挂靠强多了！

挂靠经营是指企业、合伙组织、个体户或自然人与另外一个经营主体签订挂靠协议，挂靠的企业、合伙组织、个体户或自然人以被挂靠的经营主体的名义对外从事经营活动，被挂靠方提供资质、技术、管理等方面的服务并定期向挂靠方收取一定的管理费用的经营方式。此外，常见的挂靠经营方式还有经营主体因对外从事经营活动或招投标等需要满足主体的资质要求，将拥有该资质的员工的信息及资质证书挂在经营主体名下，实际该员工可能并非企业聘用的员工，经营主体定期向该员工支付资质证书的借挂费用。

从本质上说，"挂靠"是一种借用行为。无论是经营主体借用个人、经营主体借用经营主体还是个人借用经营主体，在法律上都很难被认可，主流观点认为这是一种违法行为，挂靠方可能要承担法律责任。

近年来国家对挂靠行为的监管力度在逐年上升，如建筑行业的证书挂靠等。在挂靠的过程中，个人与经营主体的关系往往存在着极大的不确定性。按规定，经营主体需要聘用正式员工或经营主体与个人形成正式的代理关系。实际上，挂靠双方往往不存在任何关系或者只是简单的劳务关系。

根据《最高人民法院关于审理工伤保险行政案件若干问题的规定》（法释〔2014〕9号）第三条的规定，个人挂靠其他单位对外经营，其聘用的人员因工伤亡的，被挂靠单位为承担工伤保险责任的单位。

如果是个人将资质证书挂靠在经营主体上，个人就可将此作为认定劳动关系的风险要素，因此被挂靠单位应要求挂靠个人取得个体户的营业执照或其他的用人主体资格，以避免因个人无用人资格而导致被挂靠单位承担用人单位的责任。

答疑解惑

1. 如果是纯粹的挂靠行为，HR 如何帮助企业避免与员工形成劳动关系呢？

答：这让我想到一个很经典的案例，就是一个建筑施工行业的挂靠行为，在第五章中我们还会专门分析这个行业。某建筑工程公司与员工之间不仅存在挂靠建造师证书的行为，建筑工程公司还给员工单方制作了劳动合同书，并为其缴纳基本养老保险金。也就是说，建筑工程公司想让挂靠行为从表面上看起来更加"合规"，却被员工钻了空子，员工申请与公司存在事实劳动关系。这个案例到最后并没有被认定为双方存在事实劳动关系，理由是双方不存在劳动关系的基本特征，这一点我们会在第四章着重说明。此外，双方没有建立劳动关系的真实意思表示，本质上属于一种挂靠；而签订劳动合同和缴纳保险只是为了正常使用建造师证书而已。

笔者虽然不提倡挂靠行为，但从实践方面说，只要双方既不存在事实劳动关系，也不涉及劳动关系的本质要素，挂靠关系还是比较纯粹的。

2. 如果单位选择灵活用工的用工方式，一旦灵活用工的员工发生工伤，组织该怎么办呢？

答：在涉及任何与灵活用工有关的法律问题时，我们都要清醒地意识到：灵活用工没有法律定义，因此不存在法律规定。真正有法律规定的是我们现有的用工关系，如劳动关系、劳务关系、非全日制用工、退休返聘、派遣等。所以，在解决类似问题时，HR 要先确定双方属于哪种法律用工关系，再决定如何处理。例如，在劳动关系下发生意外伤害的，我们可以称其为工伤。但在劳务关系下呢？它无法算作工伤，自然不能按照劳动关系下的工伤规定去操作。请注意，本书中那些属于法律规定的用工关系在本章及后续章节中均有明示或暗示。建议读者把整本书融合在一起阅读，而不是单独理解某一章节的内容。

3. 一名员工在一家公司同时拥有两种身份，可否举例说明这种情况？ HR 分别用什么方式为其结算工资和报酬呢？

答：一名员工在两家公司同时拥有两种身份，对于这种情况 HR 已经比较习惯了，最常见的就是企业中"员工＋股东"的身份。这种身份的薪酬结算方式为工资＋股权分红。股东、持股平台、股权分配不是本书的主要内容，所以在此不做具体讲述。

我们讨论的问题是，一名员工在一家公司里是否同时存在劳动＋劳务关系或者劳动＋经济关系呢？普遍观点认为这是不可能的。在第四章中我们会重点强调劳动关系与劳务关系以及经济关系的一些区别。从本质上看，劳动关系和劳务关系是两种完全不同的用工关系。

有 HR 小伙伴问我组织能不能与员工形成"8 小时劳动关系 +4 小时劳务关系"呢？首先，这不是一名员工在一家公司同时拥有两种不同的身份，因为两种身份意味着 8 小时和 4 小时的工作时间必须是完全错开的；其次，即便真正实现了这种情况，HR也不能忽略"加班"这个重要名词，加班对应的加班工资和劳务关系对应的劳务报酬在很多层面的应用上，如计算社保基数、平均工资基数、个税基数时都存在着巨大差异，所以同一家公司这样的行为在实践中会被认为是规避"加班"，因此这4个小时被认定为加班的可能性更大。

实例分析：我和企业到底是什么关系

这两年，社会上诞生了越来越多的自由职业者、斜杠青年/中年。不同于正常在办公室办公、接受日常管理的工作人员，这类人员显得更加自由、更加灵活，与企业的关系也更加多样化。

有人曾经将自由职业者及斜杠青年与兼职员工进行对比。两者最直接的共同点就是，他们与企业都不是法律框架下的用工关系。

笔者是一位HR自由职业者，与其他自由职业者不同，HR自由职业者在处理与企业的用工关系时会存在天然的优势，能够清晰地认识到自身和企业、平台等机构之间的关联。

例如，笔者从2018年开始，先后在十余家线上HR知识付费平台担任讲师，同时在其他多家平台与公司开展线上或线下课程培训。除此之外笔者还在企业、人力资源公司担任咨询顾问，甚至是其他内容输出，如著书出版。那么，在上述合作关系中，笔者与平台、企业之间属于哪种用工关系呢？具体如表 2-3 所示。

表 2-3 笔者与平台、企业之间的用工关系

	线上讲师	线下培训	咨询顾问	内容输出
合同签订	讲师合作协议	培训合作协议	顾问合作协议	约稿合作协议
保险缴纳	无社会保险	无社会保险	无社会保险	无社会保险
考勤管理	按时上线	按时培训	按时出席	按时交稿
绩效考核	课程评价	现场满意度	问题处理	市场评价
意外伤害	自行承担	责任比例	责任比例	自行承担
用工主体	B 端	B 端	B 端	B 端
业务组成	主营业务	非主营业务	非主营业务	主营业务
报酬支付	第三方支付通直联	劳务 / 经营所得	劳务 / 经营所得	稿酬 / 综合所得
最终关系	非劳动关系	非劳动关系	非劳动关系	非劳动关系

表 2-3 并不包含所有情形，如有些企业同时与我合作了线上和线下培训；用工主体有时也会以个体身份与我进行业务交流。无论是哪种用工关系，自由职业者、斜杠青年与企业或平台之间都不是劳动关系。

总结与思考：用工关系与社会保险是什么关系

通过表 2-1，我们无法简单判断大框架下的用工关系种类和社会保险缴纳之间的直接关联，我们只能通过具体的用工关系形式来判断企业应否为员工缴纳社会保险。在实际管理过程中，HR 常常会碰到如图 2-1 所示的情况。

图 2-1　用工关系与用工保险

1. 有劳动用工关系，没有社会保险

　　企业与员工建立了劳动关系，就应该为员工缴纳社会保险，这已成为一种惯性思维。但在实际工作中，HR 常常会遇到此类情况，员工在老家自行缴纳社保，企业无法为其缴纳社保；以及组织使用了协保内退人员、待岗再就业人员等，由此形成了一批有劳动关系却没有社会保险的人群。这虽然违反了《中华人民共和国社会保险法》，但不违反其他相关劳动法律。

　　那么，反过来是否成立呢？员工有社会保险是不是一定意味着他与企业建立了劳动关系呢？

2. 没有劳动用工关系，有社会保险

　　HR 的日常工作之一是核算与发放工资。HR 明白在缴纳社会保险的主体中，企业和劳动者是分开的。企业、劳动者分别向国家缴纳社会保

险，在缴纳过程中，为了操作便捷，劳动者的社会保险缴纳由用人单位也就是企业代扣代缴。其实，劳动者自己也可以缴纳社会保险。

例如，员工在面试时表示自己在老家自行缴纳了社会保险，不愿意在单位所在城市缴纳社会保险，自愿签订放弃缴纳社会保险的协议。虽然我们知道这个协议是无效的，但它反映的问题就是，个人在没有任何劳动用工关系的情况下也可以自行缴纳社会保险。

随着近年来我国用工关系形态和用工保险形态的日趋多元化，社会上出现了这种用工关系和社会保险对不上号的现象。笔者认为这并不是乱象，相反这种可以选择的用工关系和用工保险的方式值得提倡。个人可以选择适合自己的关系和保险，避免金钱与资源的过度浪费。例如，员工交了某类社会保险却无法享受应有的待遇。

从 2019 年成都与浙江，以及 2020 年江苏、西安、广西等多地关于新业态用工的规范文件来看，用工关系和用工保险之间在基础规则上出现了更加多样化的选择，这就叫作"包容审慎"。

第三章

劳动关系下的灵活用工

HR：亲爱的同事大家好，鉴于公司经营业务的调整，公司决定安排全体员工居家办公一个月。在居家办公期间，请大家按照原有的工作时间和计划，认真完成工作。

（各部门员工开始私下讨论。）

IT 部：说好的弹性工作终于可以实施喽。

行政部：我们在家不用看着前台了，工作量明显少了，工资会不会也少了？

财务部：公司的空调好舒服，居家办公环境还没有公司好呢。

销售部：要是能够一直居家办公就好了，反正只要有业绩就行了。

老板：我知道大家没体验过这种较长时间的居家办公形式。公司也想借着这次机会观察哪些人适合居家办公，对于适合居家办公的人员，公司会给予相应的福利和安排。

第一节　内部共享——部门＋单位员工共享

HR：小王，市场部今天要完成一份项目报告，麻烦你去帮一下忙。

小王：好的，我这就去。

（大约1小时后。）

HR：小王，销售部马上要开会了，他们的助理今天请假了，你先帮他们统计一下这个季度的业绩呗。

小王：好的，我这就去。

HR：小王……

小王：我是谁？我在哪个部门？我是干嘛的？

HR：你是内部共享砖，哪里需要哪里搬。

何谓"劳动关系下的灵活用工"？实际上就是在用人单位和劳动者之间保持劳动关系的情况下，实施的"灵活用工"。重点依然在"灵活"二字，对标的"标准"则为企业中最常见的标准劳动关系用工。

大家对共享这个词并不陌生，但是对共享的理解会各有不同，商业行为中的"共享"也可以理解为将原来私有化的东西变成公有化。"员工共享"也是一样的。例如，隶属于人力资源部的HR，原来是人力资源部"私有化的人员"，现在因为工作需要，被其他部门或整个公司"公有化"。这种情况经常出现在事业部制、项目制及矩阵制的组织架构中。

在矩阵制组织架构（如图3-1所示）中，员工共享现象往往出现在企业的部门与部门之间，本质上属于内部借调。员工往往需要接受两个部门的工作安排，或者在大部分情况下服从一个部门的工作安排。除此之外，这类员工共享的特点之一就是他原有的工作岗位、工作内容，甚至薪资都不会发生变化。这样的内部共享方式对企业来说并无风险，但如果因此涉及到需要调岗，则需要按照相关法律规定来执行。同样，事业部制组织架构（如图 3-2 所示）的逻辑也是如此。

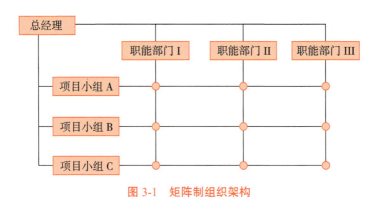

图 3-1　矩阵制组织架构

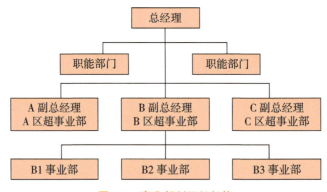

图 3-2　事业部制组织架构

当然，除了企业内部不同部门之间的员工共享外，同一部门内的不同岗位员工之间也存在着内部共享。例如，人力资源部的薪酬福利专员被借用从事绩效考核的评分工作等。上述行为在许多公司的部门内部是时有发生的，但由于时间较短、行为临时，我们并不会单独给这类用工方式设立一种称谓，更多的时候我们会说："×× 部的 ×× 能麻烦借用一下嘛？帮个 ×× 忙。"于是，我们会联想到企业用工管理中另一个常见的术语——"借调"。

第二节　共享员工的鼻祖——借调委派

老板：小陈，我准备把你调到杭州担任分公司 HRD，怎么样，惊不惊喜？

HR（小陈）：一个总部 HRD 调到分公司任 HRD 是算升还算降呢？我可是上海本地户籍啊，难不成要常驻杭州了？

老板：你在三个月内搭建好人力资源部，并在当地找到合适的 HRD 后你就可以回来了，放心，你的编制还在总部！

HR：好吧。

用工借调是指企业在运营过程中，由于工作需要，在总公司与分公司之间、母公司与子公司之间、关联公司之间，甚至是非关联公司之间产生的员工借用行为。借调原则上属于用工不用人的形式，即 A 公司向 B 公司进行用工借调，B 公司的人员 C 到了 A 公司工作，C 和 B 公司之间依然存在劳动关系，但 C 需要接受 A 公司的管理（总分公司除外，因为分公司不具备独立运营的能力）。借调在形式上和劳务派遣相似。在实际工作中，借调是一种短期的借用行为。

在整个借调过程中，HR 需要注意以下三点，图 3-3 主要是为了厘清三者之间的关系。

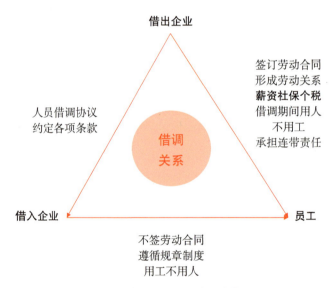

图 3-3　借调关系三方的注意事项

（1）员工在被借调期间发生工伤的，由借出企业承担工伤保险责任，但借出企业与借入企业可以约定补偿办法。

（2）借出企业以组织委派或任命的形式对员工进行工作调动的，应当认定属于"劳动者非因本人原因从原用人单位被安排到新用人单位工作"。根据相关规定，应当为其记录在本单位的连续工龄。

（3）基于"用工不用人"的逻辑，HR 要避免将员工的劳动合同、工资支付、社保缴纳、工作地点等劳动关系要素分散在不同的公司。因为这样一来，不仅操作不便捷，而且容易在发生问题时各公司互相推诿，造成劳动争议处理难的局面。

第三节　外部共享——短期租赁

有"内部共享"必然就会有"外部共享"。所谓"外部共享"，就是不同企业之间甚至不同行业之间的员工短期租赁行为。笔者认为，这种短期租赁行为会始于特殊情况，终于常态市场。也就是说，当整个市场经济恢复相对正常的情况时，员工外部共享现象将会逐渐消失；当特殊情况发生的时候，市场又将重新启用员工外部共享这一形式。具体依据如下。

一、外部共享与内部共享的区别

外部共享员工和内部共享员工在执行过程、用工关系认定、法律逻辑方面都不相同，具体可参考表 3-1（假设员工和企业存在劳动关系）。

表 3-1 外部共享员工、内部共享员工与借调委派员工的区别

	外部共享员工	内部共享员工	借调委派员工
关系范围	不同组织	同一组织	同一集团
关系认定	多家劳动关系	独家劳动关系	多家劳动关系
收入构成	多家工资薪金	独家工资薪金	独家工资薪金
社保缴纳	原单位组织缴纳	组织缴纳	保持和收入一致
工伤认定	三工原则	组织承担	三工原则
解雇补偿	独立计算	组织承担	累计计算
保密竞业	需要遵守	需要保密	需要保密

从表 3-1 中可以发现，外部共享员工、内部共享员工与借调委派员工存在一定的关联性与差异性。正是这些差异性和关联性使企业在处理员工日常关系的过程中产生了一定的混乱。例如，在借调过程中员工发生了工伤怎么办？借调之后如果员工被解雇了，HR 该怎么计算经济补偿金等。所以企业管理者在做出决定之前，要分析各种用工方式的风险和后果。关于以上问题，2020 年 9 月 30 日，人力资源社会保障部办公厅发布《关于做好共享用工指导和服务的通知》。通知内容具有较强的指导性，明确支持外部企业间开展共享用工，同时要加强对企业共享用工的指导并充分尊重劳动者的意愿和知情权，并保障双方的自主权，以及多方权利义务的划分等。

相比之下，外部共享员工给企业带来的潜在风险要多于内部共享员工及借调委派员工。对员工而言，外部共享员工可能类似于"出差"，企

业担心的则是"人才流失"甚至是"商业秘密泄露"。

二、21 世纪最贵的是人才

因为人才的可贵性，使得各企业极为看重人才的保护、人才的竞业限制等，不希望自己公司的人才被其他公司抢走。外部共享员工的特点就决定了公司的内部人才可能会被外部企业租赁，甚至是直接挖走。

许多企业管理者对"共享员工"存在一些疑虑，例如，员工被短期租赁后，在公司恢复正常运作后员工已经"身在曹营心在汉"甚至已经被对方公司挖走，企业该如何避免这类情况的发生呢？

从劳动者的立场思考，现在已不是劳动者在一家企业做到退休的年代了，甚至一个劳动者可能会同时服务不止一家企业。企业希望员工忠诚，就需要拿出诚意和行动，或是企业文化品牌，或是领导个人魅力，或是优厚待遇和高薪福利。如果在"共享员工"的过程中，出租方企业的各方面条件都不如接受方企业，那么强行要求员工留下就属于"强扭的瓜不甜"了。

三、"共享员工"的三点本质

1. 这是一种劳动关系下的短期共享

"共享员工"本身并没有转移劳动关系。劳动关系的从属性、管理性依然存在，即使员工短时间投入到另一家企业的运营工作中，仍和原企业保持着劳动关系。唯一可能产生争议的就是员工与另一家企业形成的实际用工关系。关于这个问题，人社部有明确的文件说明。

人社部关于 27 个复工复产劳动问题解答

第十一问：目前，盒马与餐饮企业的共享员工模式在媒体宣传的较多，如何看待疫情期间企业之间的"共享用工"？

答：当前，一些缺工企业与尚未复工的企业之间实行"共享用工"，进行用工余缺调剂，一定程度上提高了人力资源配置效率。"共享用工"不改变原用人单位和劳动者之间的劳动关系，原用人单位应保障劳动者的工资报酬、社会保险等权益，并督促借调企业提供必要的劳动保护，合理安排劳动者工作时间和工作任务，保障劳动者的身心健康。合作企业之间可通过签订民事协议明确双方权利义务关系。原用人单位不得以营利为目的借出员工。原用人单位和借调单位均不得以"共享用工"之名，进行违法劳务派遣，或诱导劳动者注册为个体工商户以规避用工责任。

上述答复意味着，尽管"共享员工"可以在短期内帮助无法正常运营的企业与劳动者减轻一定的压力，但没有任何一家企业能够长期持续这样的行为，所以"共享员工"必然是一种短期行为。

2. 这是一种同行业间的用工共享

通过仔细观察我们不难发现，不管是餐饮公司与盒马，还是其他企业之间，"共享员工"都存在于同行业或泛同行业之内。俗话说"隔行如隔山"，跨行企业之间的"共享员工"本身没有问题，但会导致企业的容错率较低，接收方企业不得不对这部分员工进行更多的培训，花费更多的精力进行管理，会浪费大量的"人力财力"。因此，跨行业企业极其不适合这种只能短期使用的用工方式。

3. 这是一种基层岗位下的批量共享

从本质上看，"共享员工"是一种更适合基层岗位的批量共享方式。即使员工不能回到原企业工作，原企业也可以把损失降到最低，甚至省去了某些裁员成本。基于人才保护原则，企业一般不会开展中高层岗位的共享，因此这类模式只能是基层岗位下的批量共享。

四、"共享员工"中的出租方无利可图

纵观"共享员工""短期租赁"的全过程，接收方企业因为业务需要招聘临时人员，出租方企业因为业务调整刚好可以借出人员。看似双方企业可以形成一种基于人的 B2B 交易。但是结合上文中《人社部关于27 个复工复产劳动问题解答》我们不难发现，原用人单位（也就是出租方企业）不能营利，不能派遣，不能规避劳动关系，所以出租方企业是无利可图的。这样一种用工模式在特殊情况结束后自然不会延续下去。

第四节　灵活地点——居家办公

无论是居家办公还是在灵活地点办公，其本质都是一种劳动关系下的灵活用工。它可以帮助企业节省办公场地的租赁成本。在设计"灵活地点"的过程中，企业管理者需要考虑哪些问题呢？我们以居家办公为例进行分析，如表 3-2 所示。

表 3-2　集聚办公与居家办公的管理异同

	关系管控	合同管控	考勤管控	过程管控	结果管控
集聚办公	受企业高度监督管理的强劳动关系	常规合同＋协议＋规章制度	按照三种不同工时制度进行考勤打卡，工作时间可控	工作节点→工作流程→工作配合→近距离工作管理规范；不能做与工作无关的事情	节点→指标→要求（相对固定）；完成奖励＋未完成的处罚
居家办公	受企业低度监督管理的弱劳动关系	常规合同＋协议＋规章制度＋临时管理规定＋临时工作分配办法等	鉴于地理位置不统一，不建议考勤打卡，工作时间不可控	不对工作流程与工作沟通配合进行强管理，实施远距离工作管理规范	节点→指标→要求（相对灵活）；完成奖励＋未完成的处罚

一、关系管控

需要明确的是，这两种办公场景在本章中都是以劳动关系为前提的。关于劳动关系的认定标准，我们会在第四章中进行比较详细的解读。不管是居家办公还是集聚办公，员工都要接受企业的监督管理。区别是居家办公的员工被监督管理的程度会弱于集聚办公，也就是相对自由一些。

二、合同管控

劳动关系下的居家办公在合同管控方面确实比集聚办公要严格和复杂。在居家办公的时候，企业会针对工作场所变化所带来的其他变化提前通过合同、协议等方式与员工进行约定。这也是企业加强管理的表现。

三、考勤管控

无论实行哪种工时制度，考勤管控都会存在，只是强与弱的区别。我们发现，在相对固定的办公场所办公，企业对员工的考勤管控相对较为容易，也较为真实；反之，在居家办公的过程中，由于工作地点的分散，企业设定考勤管控规则的难度较大，也容易出现虚假考勤现象。从考勤管控的角度看，居家办公与办公室集聚办公相比，设定并严格执行考勤管控的性价比太低。

四、过程管控

过程管控对于居家办公来说性价比也较低。在办公室集聚办公的过程中，企业可以通过上下级、同事之间的人为主动监督，抑或是监控设备的被动监督来管控员工的整个办公过程。

居家办公就较难做到过程管控。首先大家各自在家办公，不是不能监督，而是监督力度会减弱；其次企业不可能在员工家中安装摄像头，也不可能在员工私人电脑中安装任何监控系统。因此，笔者不提倡企业在居家办公过程中对员工进行较多的过程管控，只需要设计出一套较为严格的操作规范并做到严规范、宽执行。

五、结果管控

由于居家办公失去了考勤管控和过程管控的优势，企业唯一能做到的只有结果管控。与办公室集聚办公相比，居家办公的结果管控频率、管控严格程度都应更高，只有这样才能弥补企业在考勤管控和过程管控方面的缺失。实际上，企业管理者真正想要的也只是结果，而不是过程。

此处的居家办公仅指劳动关系下的居家办公，这和第四章提到的内容有所区别。

那么，在什么情况下可以开展居家办公呢？居家办公也要因人制宜、因地制宜和因事制宜。也就是说，并不是所有人都适合居家办公，不是所有地点都适合工作，也不是所有工作都适合居家办公。

1. 因人制宜

办公室集聚办公的优势之一是同事一起办公的氛围及领导的监督管理。对于那些自律性较差的员工来说，居家办公无异于把他推向了懒惰的深渊；对于那些外向的员工来说，居家办公会让他无处倾诉。所以，对于自律性较差、喜欢沟通交流的人来说，长期实施居家办公并不利于工作的正常开展。

2. 因地制宜

家只是灵活工作的办公地点之一。除了家以外，比较常见的办公地点包括咖啡厅、图书馆等地。现在不少图书馆里都有咖啡吧等，这样的设计也是在迎合自由职业的需要。在外出差的人更倾向于在酒店房间里办公。不同的办公地点产生的效果是不相同的。

3. 因事制宜

有些工作可以在办公室以外的地点完成，如撰写公众号文章；有些工作则离不开集聚办公的环境，如工厂流水线。因此，是否适合开展灵活办公需要企业根据实际情况做出判断。

读者可能会觉得此处提到的居家办公形式和后文中提到的劳务关系比较类似。例如，公众号写手完全可以和企业建立劳务关系。但本章的主题是劳动关系下的灵活用工，这就意味着本节提到的所有工作都是基于劳动关系产生的，也就是说，无论多么看重结果，劳动关系的重要特征之一——过程要素把控依然存在。

第五节　灵活工作——项目制办公

现在，越来越多的企业开始实施项目制办公。无论是从组织架构还是从工作便捷性的角度来说，项目制办公的出发点都是极具特色的。劳动合同中有一种对应项目制的合同类型，那就是以完成一定任务为期限的劳动合同。早在《中华人民共和国劳动合同法》出台的时候，专家学者就研究出了一套关于劳动关系的灵活搭配，其中一项就是项目制办公。

对于项目制办公的好处，我们会在本章的"实例分析"部分进行呈现。

答疑解惑

1. A 公司（我司）承担员工的所有费用包括社保和公积金，由于工作项目具有一定的不确定性，为了在项目取消时既可以灵活地把人遣回 B 公司，用更高的工资招新人，又不用打破公司体制内的薪酬体系，公司这样做在法律上会不会有同工不同酬的风险？

答：企业与项目制员工签订以完成一定任务为期限的劳动合同时，无论从法律上还是从薪酬体系上来说，都相对自由，操作空间更大。也就是说，公司可以在不用打破体制内的薪酬体系的基础上实行同工不同酬。因为劳动合同中约定的"劳动报酬"是基于企业和劳动者双方协商达成的，只要不违反我国工资支付的相关规定如最低工资标准等即可。

如果涉及劳务派遣，就涉及同工同酬的问题。鉴于劳动者和派遣工的不同身份，为了保护派遣工的相关权益，法律设定了同工同酬的规定。为了不违反法律规定，公司需要将薪酬体系设计得足够完整、足够细致、足够全面。

2. 居家办公、弹性办公属于灵活用工的依据是什么？

答：我国对灵活用工的概念并没有明确的定义和认定依据。灵活用工的特点就是灵活。换言之，企业用工的方式只要符合灵活的性质，这种用工方式就可以属于灵活用工的一种。所以，笔者认为由于居家办公、弹性办公具备"灵活"的特性，尽管和其他用工关系相比，这种办公形式在关系上并不灵活，它依然属于灵活用工的一类。

3. 如果不找派遣公司，我司只是与业务相关的其他公司合作，跟他们签订劳动合同，但工作地点在我司，与我司员工共同工作，这种方式可行吗？

答：我们按照"总结和思考"里关于"共享员工"的表格进行仔细分析一下，就会得到表 3-3。

表 3-3　合作用工的用人管理方式

	劳动关系	社保缴纳	用工管理	工资支付	工伤认定	解除责任
合作用工	其他公司	其他公司	自己公司	其他公司	其他公司＞自己公司	自己公司退回＋回到其他公司

如果有企业愿意成为表中的"其他公司"，这样的用工模式就没有问题。然而，作为一家正常运营的企业，对它来说这样做没有任何好处。

实例分析：普华永道是如何开展灵活用工的

说到普华永道项目制员工的灵活工作制，很多 HR 曾误以为普华永道的灵活工作制是去劳动关系化的。实际上，普华永道的灵活工作制也属于灵活用工的一种，也就是"劳动关系下的灵活用工"。我们从以下四个角度来深入解读此问题。

- 1 -
灵活工作"灵活"在哪儿

根据普华永道的对外公告，它的灵活工作制度主要体现在三个方面，即"灵活工时""灵活工作地点""灵活着装"。由此可以看出，普华永道的灵活工作制并没有做到全面、开放、灵活。那么，灵活工作可以"灵活"在哪些方面呢？如表3-4所示。

表3-4　普华永道与常见的灵活工作制度的对比

普华永道的灵活工作制度	常见的灵活工作制度
灵活工时 灵活工作地点 灵活着装	
	灵活岗位 灵活结算 灵活管理 灵活社保 灵活接单

多元化的灵活才是灵活工作的核心，而普华永道的灵活工作制度显然还是较为保守一些的。

- 2 -
工作时间如何灵活

普华永道的大中华区主席表示，如今已不再是打卡的年代，越打卡，问题就越多。对此，多数上班族都表示赞同。

除了普华永道明确规定不打卡记考勤之外，其他一些国家对于灵活工作时间也做过尝试，例如，日本的公务员实行弹性工作制，日本某家海鲜厂的上班时间由员工自己决定。那么，固定工作时间和灵活工作时间究竟有哪些区别呢？具体区别如表3-5所示。

表3-5 固定工作时间和灵活工作时间的对比

固定工作时间	灵活工作时间
• 每天和每周上班时间固定 • 上下班需要作考勤管理 • 通过各种方式进行打卡 • 对违反考勤管理的人有一定的惩罚措施 • 遵守考勤管理的人会有全勤奖 • 企业每个月需要汇总考勤数据	• 上班时间不固定 • 上下班无需作考勤管理 • 员工无需每天打卡 • 无需担心因违反考勤管理而受到惩罚 • 企业无需每月汇总考勤数据 • 员工对时间的掌握更为自由，工作效率更高

由此可见，相对于固定工作时间，灵活工作时间为企业和个人带来了更多的便捷性与实用性。企业可以根据自身特性实行不同的灵活工作

时间，这样既满足了企业自身发展的需求，也方便了员工。

- 3 -

工作地点和着装灵活带来的便捷性

普华永道灵活工作制改革的另外两个亮点就是灵活工作地点和灵活着装，这也是一次很大的突破。原有的固定工作地点只作为员工工作交流、开会用。在互联网快速发展的今天，人们已经不需要在同一个场所内进行面对面的交流了，通过网络人们可以实现更便捷的沟通效果。

以往固定着装展示的是一家企业的文化，当工作地点变得灵活了之后，着装就无需再固定了，员工可以根据不同的场合灵活搭配自己的服装。固定工作与灵活工作在地点和着装上的对比如表3-6所示。

表3-6　固定工作与灵活工作在地点和着装上的对比

固定工作地点和着装	灵活工作地点和着装
• 统一着装，企业需要承担采购成本 • 工作场地成本较高 • 员工上下班的时间成本和经济成本较高 • 企业需要制定办公室管理制度 • 搬迁或调整办公地点时，企业操作不便捷 • 工作地点的变化可能会导致员工离职，且企业需要承担离职成本	• 员工根据所在地点灵活搭配着装，企业无需负担采购成本 • 降低企业工作场地成本 • 降低员工上下班花费的时间成本和经济成本 • 企业无需进行办公室管理 • 搬迁或调整办公地点时，企业操作更加便捷 • 工作地点的变动不会影响员工正常工作

工作地点和着装的变化，在一定程度上方便了许多人。例如，哺乳

期的女职工、对着装比较讲究的员工、上下班路程太远的员工，等等。

- 4 -
灵活工作的未来趋势

"灵活工作时间＋灵活工作地点＋灵活着装"给企业带来的是"成本的减少＋管理的便捷＋员工满意度的提升"。前面我们提到，灵活工作制度可以体现在许多方面，不同的企业在选择灵活办公时可以有一些针对性和选择性。从表3-7中，我们可以看到各种灵活办公项目给企业带来的好处。

表 3-7　各种灵活办公项目带来的好处

各种灵活办公项目的好处	
灵活岗位	员工可以根据自己擅长的技能选择工作内容。企业不必再像原来那样设置"一岗一人"的机械模式
灵活结算	不同于原来"一岗一薪"的设定，企业在和员工进行支付结算的时候，结算模式和支付渠道更为灵活
灵活管理	原有的制度过于固化，缺少弹性和机动性。从管理的角度看，企业对不同的人的管理模式是不一样的，无法用千篇一律的规章制度进行约束，企业需要制定个性化的灵活管理制度
灵活社保	企业可以灵活调整员工的社保缴纳方式、缴纳基数、缴纳主体
灵活接单	企业可以将平台接单的模式代替原有的工作任务发布的模式。员工将自行选择其擅长的项目

总结与思考：如何看待疫情下盒马与餐饮公司的"共享员工"

2020 年年初新冠肺炎疫情爆发，以盒马为主的互联网行业与以西贝为主的餐饮企业突破性地实现了"共享员工"。正因如此，共享员工变成了各行各业的热点话题，很多企业在探讨他们的共享模式是否可以复制，能否长期持续，以及员工留存问题等。

这次疫情之下的"共享员工"从本质上说属于劳动关系下的灵活用工，也就是说，员工和餐饮公司是有劳动关系的。这一点我们可以从本章第四节《人社部关于 27 个复工复产劳动问题解答》中找到明确的答案。那么从模式上说，盒马与餐饮公司之间的"共享员工"或者企业使用此类"共享员工"时可以采用哪些模式呢？

1. 盒马与餐饮公司之间的"共享员工"

从现有的用工模式看，盒马和餐饮公司之间的"共享员工"主要存在如表 3-8 所示的两种形式。

表 3-8　短期借调和业务外包的用工形式

	劳动关系	社保缴纳	用工管理	工资支付	工伤认定	解除责任
短期借调	餐饮公司	餐饮公司 + 盒马单工伤	盒马	餐饮公司 + 盒马	餐饮公司 > 盒马	盒马退回 + 回到餐饮公司
业务外包	餐饮公司	餐饮公司	餐饮公司	餐饮公司	餐饮公司	餐饮公司

对于短期借调，读者可以参考本章第四节描述的相关内容。基于此

我们不难发现，企业之间只能进行员工短期借调，因为长期借调对双方来说都没有好处，"共享员工"确实在一定程度上解决了盒马与餐饮公司的燃眉之急。但对于短期借调的用工风险，企业也要事先做好预防工作。

对于业务外包，读者也可以参考第四章描述的相关内容。在此模式下，盒马将外卖配送业务外包给餐饮公司，餐饮公司将任务分配给内部员工来完成。对比这两种模式，对盒马公司来说，业务外包无疑比较轻松，不足之处是缺少对员工的专业培训和监督，有可能导致工作上出现失误；对餐饮公司来说，企业可以通过短期借调共同分担更多的压力，缺点是无法持久。

2. 盒马、餐饮公司与人力资源机构三者之间的"共享员工"

此次盒马与餐饮公司的合作还涉及人力资源机构，也就是三者之间的"共享员工"。我们可以基于常规的业务逻辑推导出三者之间"共享员工"的模式，具体如表 3-9 所示。

表 3-9　劳务输送、劳务派遣、业务外包和平台用工的用工形式

	劳动关系	社保缴纳	用工管理	工资支付	工伤认定	解除责任
劳务输送	餐饮公司＋盒马	餐饮公司＋盒马单工伤	餐饮公司＋盒马	餐饮公司＋盒马	盒马＞餐饮公司	盒马＋餐饮公司
劳务派遣	餐饮公司＋人力机构	餐饮公司＋人力机构单工伤	餐饮公司＋人力机构	餐饮公司＋人力机构	人力机构＞盒马	盒马退回＋人力机构解除

（续表）

	劳动关系	社保缴纳	用工管理	工资支付	工伤认定	解除责任
业务外包	餐饮公司	餐饮公司	餐饮公司	餐饮公司	餐饮公司	餐饮公司
平台用工	餐饮公司	餐饮公司	人力机构	人力机构	人力机构	人力机构 + 餐饮公司

由于双重和多重用工关系的法律许可，"三人转"的玩法与"二人转"相比就显得有趣和丰富多了，可供选择的"共享员工"模式也更多了。由于性质不同，这四种方式也存在一定的差异。例如，劳务输送是指餐饮公司将原本存在劳动关系的员工通过第三方人力资源机构输送到盒马，与盒马建立用工关系（此处可以是劳动关系，也可以是非劳动关系）。这种模式下人力资源机构属于"人力转手"，并不直接和员工产生用工关系。所以用工管理的负责对象就变成了餐饮公司和盒马。

很多 HR 对劳务派遣模式都很熟悉。员工在和餐饮公司继续保持劳动关系的情况下，和人力资源机构也建立劳动关系，被人力资源机构派遣到盒马工作。关于劳务派遣的一些特点和规定，我们会在第四章进行具体说明。读者也许会问，餐饮公司直接把员工派遣给盒马不好吗？为什么一定需要人力资源机构介入呢？在这种情况下，餐饮公司要做劳务派遣必须要有人力资源机构的介入。首先，经营范围注定了一般的餐饮公司无法合规开展派遣业务，其次，人社部的问答也给出了明示——原单位不得以营利为目的出借员工。劳务派遣就是典型的营利式出借员工。

所以餐饮公司开展劳务派遣时，必须采取"三人转"的模式。

和"二人转"相比，"三人转"的业务外包略显鸡肋。盒马将外卖配送业务外包给人力资源机构，人力资源机构再将其分包给餐饮公司。为什么要加个"中间商"呢？当盒马的业务足够多，而自己能够直接对接的餐饮公司不多，需要人力资源机构的餐饮公司客户一起解决需求的时候，人力资源机构就派上了用处。

平台用工的操作模式是盒马将外卖配送业务发包给平台，由餐饮公司的人员承包平台的外卖配送业务。这种模式和饿了么、美团的经营模式有点像。

在这四种模式中，哪种更好呢？站在不同的立场，答案肯定是不同的。例如，对人力资源机构来说，开展劳务输送和业务外包的风险是最小的，所以在"三人转"的模式中，三者必然选择一个相对适中的方法进行运作。

关于"共享员工"的可复制性及可持久性，笔者认为无论是哪种模式都无法长久，人社部已经给出了答案——"原用人单位不得以营利为目的出借员工。原用人单位和借调单位均不得以'共享用工'之名，进行违法劳务派遣，或诱导劳动者注册为个体工商户以规避用工责任。"也就是说，餐饮公司既要和员工保持劳动关系，履行劳动责任，也不能通过"共享员工"的方式营利。这样做只适合雪中送炭，让餐饮公司在疫情爆发期间减少一些经济损失罢了。所以，此类"共享员工"模式不会长久。

第四章

去劳动关系下的灵活用工

HR：我们公司上半年的业绩与去年相比下降了 50%，营利率为负数。我们不能再开源了，只能节流了！

老板：节流我知道，降租金、降人工、降耗材……具体该怎么入手呢？

HR：我们可以通过切换用工模式和管理模式来降低人力成本。

老板：你写个方案，下周一交给我！

第一节　民事合作关系——"劳务"

HR：老板，卫生间的水管坏了，物业没有水管工，怎么办？

老板：赶紧找个维修工来修一下，别找太贵的。

HR：200 元 / 次的可以嘛？

老板：好！

劳务关系是用人单位和个人之间除了劳动关系之外比较常见的用工关系之一。企业管理者如果有长期劳务用工需求，就要认真研究劳务关系。

一、劳务关系的定义

新的《中华人民共和国个人所得税法实施条例》对劳务报酬的定义是这样的：劳务报酬所得，是指个人从事劳务取得的所得，包括从事设计、装潢、安装、制图、化验、测试、医疗、法律、会计、咨询、讲学、翻译、审稿、书画、雕刻、影视、录音、录像、演出、表演、广告、展览、技术服务、介绍服务、经纪服务、代办服务以及其他劳务取得的所得。这里的劳务报酬所得对应的就是劳务关系。

劳务关系（Service Relations）是劳动者与用工者根据口头或书面约定，由劳动者向用工者提供一次性的或特定的劳动服务，用工者依约向劳动者支付劳务报酬的一种有偿服务的法律关系。劳务关系是由两个或两个以上的平等主体，通过劳务合同建立的一种民事权利义务关系。该合同可以是书面形式，也可以是口头形式和其他形式。

为了区别于"劳动关系"，"劳务关系"更关注整个工作的结果，即劳务关系中企业和个人确定工作任务，个人自行安排工作时间，提供劳动工具，不接受或较少接受企业管理，并在约定的时间内完成工作，收取企业支付的报酬。这是实践中企业比较认可的"劳务关系"。

二、劳务关系的种类

在日常工作中，许多 HR 会混淆劳务关系的种类，甚至会产生错误的认知。劳务关系中常见的认知情形和种类如下。

劳务 = 兼职？　　　　劳务 = 小时工？

劳务 = 临时工？　　　　劳务 = 灵活用工？

劳务 = 特殊用工？　　　　劳务 = 实习生？

劳务 = 退休人员？　　　　劳务 = 承包？

劳务 = 学徒？　　　　劳务 = 见习人员？

劳务 = 派遣？　　　　劳务 = 外包？

由于法律对退休人员、实习生、派遣、学徒等有明确的定义，而对外包、临时工、兼职、灵活用工等未做明确的定义，所以，劳务本身并不能和上述任何一种用工关系画等号，但也不能说它们完全没有关联。例如，劳务关系是灵活用工关系的一部分，或者说它是灵活用工关系的类型之一，退休人员则是劳务关系的一种类型。

三、网传的"劳动与劳务合同区别的 7 段论"

网上有一段关于劳动合同与劳务合同区别的分析，接下来，我们结合实践工作判断一下这 7 段论是否符合逻辑。需要注意的是，此处的区别特指两种不同的合同，而不是两种不同的关系。

（1）主体资格不同

劳动合同的主体之一只能是企业、个体经济组织、民办非企业单位等组织，即用人单位，另一方则必须是劳动者个人，劳动合同的主体双方不能都是自然人；劳务合同的主体既可以是法人、组织之间，也可以是公民个人之间或公民与法人之间。

（2）主体性质及其关系不同

劳动合同的主体之间不仅存在财产关系，还存在着人身关系，劳动者必须遵守用人单位的规章制度，双方是领导与被领导、支配与被支配的隶属关系；劳务合同的主体之间只存在财产关系，双方法律地位平等，不存在隶属关系，提供劳务的一方无须成为用工单位的成员也可以提供劳务。

（3）主体的待遇不同

劳动关系中除劳动者的工资数额外，最低工资标准、工资支付方式、社会保险、公积金等福利待遇都要遵守法律的规定；劳务关系中劳务者获得的报酬、报酬支付方式、社会保险等，主要由双方当事人自行协商，法律未做过多规定。

（4）合同内容的任意性不同

劳动合同的主要条款及内容要符合《中华人民共和国劳动合同法》等法律的明确规定，不能由当事人协商，如用人单位要为劳动者提供符合国家规定的劳动条件等；劳务合同的主要内容则由双方当事人在不违背法律法规的情况下自行协商。

（5）法律调整不同

劳务合同主要根据民法、合同法调整，而劳动合同则根据劳动合同法及相关行政法规来规范调整。

（6）合同的法律责任

劳动合同不履行、非法履行所产生的责任不仅包括民事上的责任，而且包括行政上的责任，如用人单位未按规定为劳动者缴纳社会保险，劳动保险行政部门或税务机关将责令其限期缴纳。劳务合同产生的责任只有民事责任，即违约责任与侵权责任，不存在行政责任。

（7）纠纷处理方式不同

发生劳动合同纠纷后，争议一方应先到劳动仲裁委员会申请劳动仲裁，不服劳动仲裁的一方在法定期间内可以到人民法院起诉，劳动仲裁是前置程序；出现劳务合同纠纷后，争议双方可以直接向人民法院提起诉讼，无须"仲裁前置"。

四、劳务协议中的注意事项

在劳动关系中，HR 只会说劳动合同，几乎听不到"劳动协议"这四个字。然而在劳务关系中，签订的文件可能叫作劳务合同，也可能叫作劳务协议。在 2021 年即将施行的《民法典》中，并没有对"劳务合同""劳务协议"的定义及特定规定，其只是从劳务关系中衍生过来的。根据《民法典》对一般合同的相关规定，劳务合同的协议内容、生效与失效条件等由双方自行约定。因此，在常见的劳务协议中，主要有以下六项条款，如图4-1所示。

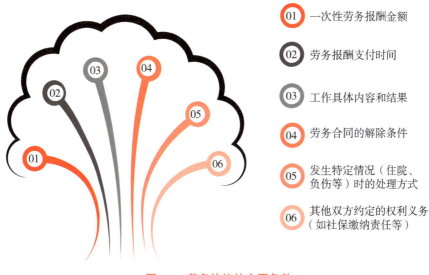

01 一次性劳务报酬金额

02 劳务报酬支付时间

03 工作具体内容和结果

04 劳务合同的解除条件

05 发生特定情况（住院、负伤等）时的处理方式

06 其他双方约定的权利义务（如社保缴纳责任等）

图4-1　劳务协议的主要条款

以上条款均为约定条款而非强制性条款。下面我们通过一份劳务协议范本帮助大家更好地理解、分析和撰写劳务协议。

劳务协议

甲方：

身份证号：

手机号：

联系地址：

乙方：

身份证号：

手机号：

联系地址：

根据《中华人民共和国合同法》的规定，甲乙双方在平等自愿、协商一致的基础上，就乙方为甲方提供劳务服务的有关事宜，签订如下协议。

1. 协议期限

本协议自____年__月__日至____年__月__日止。

2. 从事工作内容及酬劳标准

2.1 乙方为甲方提供劳务服务。

2.2 乙方的劳务报酬以乙方实际提供服务的工作时间结算，每月结算一次：

2.2.1 劳务报酬为税前____元／天；

2.2.2 劳务报酬为税前____元／小时。

3. 双方权利义务

3.1 甲方权利义务

3.1.1 甲方为乙方提供必要的提供劳务的基础设备。

3.1.2 甲方承诺要求乙方提供的劳务内容均合法。

3.1.3 甲方有权要求乙方按照甲方的要求提供服务，并按时向乙方支付劳务报酬。

3.2 乙方权利义务

3.2.1 乙方在为甲方提供劳务服务期间，应当按照约定的内容进行，不得缩小或扩大提供劳务服务的范围。

3.2.2 乙方保证其为甲方提供本协议项下的劳务不违反其对其工作单位或其他主体的法定或约定义务，不会导致甲方因此而遭受损失。

3.2.3 乙方保证其提供给甲方的有关资料真实可信，不存在任何虚假或捏造等行为。因乙方提供的虚假信息而导致的一切后果或损失均由乙方承担。

3.2.4 乙方在本协议有效期内，应当认真完成甲方交付的工作任务。对于因乙方过失而给甲方造成经济损失的，甲方有权要求乙方承担赔偿责任。

3.2.5 乙方需正确、完整地填写个人的银行账户信息，若由于乙方未按甲方要求填写或填写的信息有误，或不提供相应信息，由此带来的损失或法律责任均由乙方负责，与甲方无关。

乙方个人银行账户信息如下：

户名：

开户行名称：

账号：

4.协议解除

甲乙双方均可提前一天通知对方解除本协议。

5.争议解决

因履行本协议发生的和本协议有关的一切争议，双方应首先友好协商解决。若协商不成，各方同意提交本协议履行地的人民法院解决。

6.其他约定

6.1 本协议经甲乙双方签字后生效。

6.2 本协议一式两份，甲乙双方各执一份，两份协议具有同等法律效力。

甲方（签字）：　　　　　　　　乙方（签字）：

签订日期：＿＿年＿月＿日　　　签订日期：＿＿年＿月＿日

上述协议是一份 C2C 协议，也就是两个个体之间签订的劳务协议，如家庭雇用保姆、司机、助理，包工头雇用工人等。此处要注意，雇佣关系不等于劳动关系，虽然 HR 在日常沟通中常会用雇佣关系代替劳动关系，但是劳动关系只是雇佣关系的一种。

整个协议范本中就"协议期限""工作内容""酬劳标准""权利义务"等方面进行了说明，除此之外，还应补充说明解除协议的情况，保险的缴纳处理以及发生意外伤害、住院等用工关系中常见问题的解决方式。

不过，没有任何一份范本是可以百分之百适用于每个企业和每个人的，即使这个范本比较完整、条理清晰，企业和个人还是会进行适当的修改。HR 要依靠自身的识别判断能力和逻辑思维能力，适当地修改、使用协议范本。

五、劳务关系和劳动关系的区别

劳动关系的具象化特征中最典型的就是业内常说的认定劳动关系的"三要素"，如图 4-2 所示。

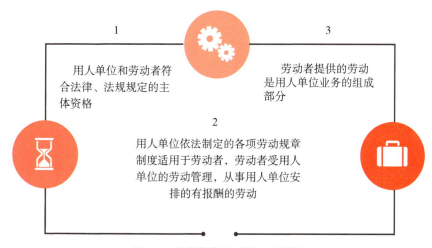

图 4-2 认定劳动关系的"三要素"

近年来，我国的劳动用工市场发生了巨大的变化，如诞生了派遣、外包等新业态用工模式。过多的变化导致实践工作中对劳动关系的认定标准也变得更加灵活了，在本章的最后对平台用工关系的认定就体现了这一点。在"三要素"中，最重要的一点便是人身附属性，也就是员工的管理与被管理关系。在劳务关系中，企业和个人之间是不存在管理与被管理关系的，除非是"假劳务真劳动"。

"假劳务真劳动"是指用工双方存在事实劳动关系，但是企业不愿意承担劳动关系的责任，所以造成是劳务关系的现象。在判断是劳动关系述是劳务关系的问题上，我们可以同时参考图 4-2 和图 4-3 的内容。

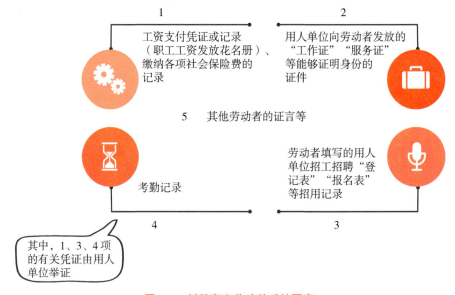

图 4-3　判断事实劳动关系的要素

除了三要素以外，在实践过程中 HR 可根据一些情形和条件判断劳动关系和劳务关系的区别（如表 4-1 所示）。一般情况下，确认劳动关系比确认劳务关系要难一些，因为一部分企业的合规措施并不到位。企业与个人建立劳务关系并不难，如笔者给某企业进行一次内训，给某平台进行一次公开线上课程等，此类行为完全符合劳务关系的相关特征。企业还可以尝试反推法，厘清劳动关系的认定条件和特点规律，在设计场景的过程中，避免这些认定条件和规律特点。

表 4-1　劳动关系和劳务关系的区别

特点	劳动关系	劳务关系
约定形式	必须书面约定	口头或书面约定
服务形式	长期稳定的劳动服务	一次性或特定劳动服务
收入属性	劳动收入 / 工资薪金 每月固定收入来源频率	劳务收入 / 劳务报酬 一次性或无规律收入频率
纳税方式	工资薪金所得 / 综合所得	劳务报酬所得 / 综合所得
纳税种类	个税	个税 + 增值税 + 附加税
主体个数	两个平等主体	两个或两个以上的平等主体
签约主体	B2C	C2C+B2C
法律主体	劳动 + 民事 + 行政权利义务关系 参照相关劳动法律	民事权利义务关系 参照民事、合同相关法律
保护时效	仲裁时效 1 年	诉讼时效 3 年
社保缴纳	单位缴纳 企业强制义务	单位或个人缴纳 双方协商约定
工伤责任	企业强制义务	双方协商约定
认定条件	劳动合同 + "三要素" 无劳动合同 + 劳动事实	劳务合同 / 协议 双方约定内容
管理要素	制度规定 / 合同约定 雇佣管理关系	合同 / 协议约定 平等合作关系

劳动关系和劳务关系虽然只是一字之差，其实际含义却相差

十万八千里。除了上文中提到的合同不同、定义不同之外，实际上它们还存在许多不同之处，这些地方恰恰是企业管理者和 HR 在日常工作中经常遇到却又容易忽略的点。

设计劳务关系场景时，认定劳务关系是基础。只有确定了真实的劳务关系才能在劳务关系下用工。设计劳务关系场景的核心在于对"结果"的要求而不是对"过程"的管控，"要求"和"管控"这两个词也是结合了第一章中对劳动关系中企业购买了劳动者的劳动时间和劳动过程的描述。除此以外，劳动关系与劳务关系还存在着其他的不同之处，后文将会一一呈现。

第二节　民事雇佣关系——"新人"

HR：金三银四社招季，金九银十校招季。老板，今年我们公司要招几个实习生呀？

老板：一个都不要！

HR：为什么？

老板：财务说今年要为实习生按劳务缴纳个税，增加了很多的用人成本。我还听说现在的"90后""00后"一言不合就裸辞，我哪敢招实习生？

HR：对于最近投过来的实习生简历您准备怎么处理呢？

老板：交给其他公司吧。

一、实习生与企业用工关系认定

此处的实习生是指进入企业实习的在校大学生。尽管有时候学校已经没课了，他们也不需要学习了，但是他们的学籍还在，所以他们还属于实习生。如果是经过社会洗礼后继续回到学校边工作边上学的学生，就不能算作本章所说的实习生了。

实习生和企业的用工关系大体上可以分为两类，即签订三方协议（企业、学校、学生）的用工关系与签订双方协议（企业、学生）的用工关系。在这两大类中，基于不同的时间、不同的目的以及不同的主体，又可以分为如图4-4所示的细分类别，这些不同的类别会直接影响企业与学生用工关系的认定。

（1）认识实习，是指学校在学生入校学习一段时间的专业知识后，将学生带进企业进行学习考察，进一步深化学生的理论认知。

（2）生产实习，是指学校为完成某项实践项目或科研论文，与企业联合让在校生进入企业完成实际工作。

（3）顶岗实习，这是常见的实习形式，是指学校、个人和企业签订三方协议，企业给学生安置特定的岗位进行实习工作。

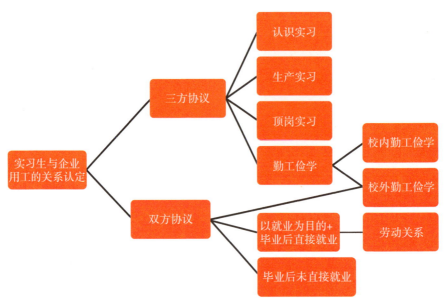

图 4-4　实习生与企业用工的关系认定

在签订三方协议的情况下，学生和企业基本不会被认为存在劳动关系。如果没有学校，三方协议变成了双方协议，实习生和企业就有可能会被认定为存在劳动关系。这种劳动关系需要符合以下条件。

（1）实习生是以就业为目的的。例如，大四学生去公司实习的目的就是想在企业长期工作，而不只是做个暑期工。虽然学生只是和企业暂时签订了实习协议，但从本质上企业还是按照劳动关系管理他的。这就叫以就业为目的的长期工作。

（2）企业是以长期聘用为目的的。例如，大四学生在公司实习了半年后毕业了，公司直接和个人签订了劳动合同准备长期聘用他。虽然公司和个人只是暂时签订了实习协议，但从本质上企业还是按照劳动关系管理他的。这就叫以长期聘用为目的的工作。

如果同时符合上述两种情形，再加上企业与实习生之间符合事实劳动关系要素，就可以认定实习生在实习期间与企业存在劳动关系。

二、勤工俭学中校内和校外的区别

此处所说的校内勤工俭学是指学生在校内打工，而校外勤工俭学就是我们常说的到企业中实习。

1. 岗位设置的区别

对于校内勤工岗位，《高等学校勤工助学管理办法（2018 年修订）》已有了比较明确的规定；而校外勤工岗位则要依据双方的相关约定，法律上只规定了某些特殊人群不能从事的特殊岗位。在岗位设置上，校内和校外的勤工岗位有如表 4-2 所示的区别。

表 4-2　校内勤工与校外勤工在岗位设置上的区别

校内勤工岗位	校外勤工岗位
以校内教学助理、科研助理、行政管理助理和学校公共服务等为主	管理办法未明确规定校外勤工岗位，以其他法律规定为主

从表 4-2 中我们不难发现，校内勤工岗位的主要服务对象为学校，其设立的岗位要符合学校的整体业务需求；而校外勤工因涉及各种行业，所以岗位设定也是多元化的，只要不违反法律规定就可以了。

校内勤工岗位又分为固定岗位和临时岗位两种类型。

（1）固定岗位是指持续一个学期以上的长期性岗位和寒暑假期间的连续性岗位；

（2）临时岗位是指不具有长期性，通过一次或几次勤工俭学活动即可完成任务的工作岗位。

2. 工时设置的区别

《高等学校勤工助学管理办法（2018 年修订）》第二十一条设岗原则，为校内勤工设计了双限的工时制度；而校外勤工的工时在相关管理办法中没有明确规定。虽然校外勤工不属于劳动关系，但在实操过程中，校外勤工的工时会根据不同的岗位来区分标准工时、不定时工时和综合工时。具体如表 4-3 所示。

表 4-3　校内勤工与校外勤工在工时方面的区别

校内勤工	校外勤工
• 原则上不低于 20 小时，以此可以测算出学期内全校每月需要的勤工俭学总工时数（20 工时 × 家庭经济困难学生总数） • 学生参加勤工助学的时间原则上每周不超过 8 小时，每月不超过 40 小时	根据不同的岗位采取标准工时、不定时工时或综合工时

从表 4-3 中不难看出，校内勤工在原则上采用的是标准工时，并未提及超时的加班问题，这就说明校内勤工在原则上是不允许超时的。

3. 薪资设置的区别

不管是校内勤工还是校外勤工，学生对薪资还是比较关注的。相关管理办法为校内勤工的固定岗位和临时岗位分别设立了两种不同的薪资架构（如表 4-4 所示）。校外勤工由于受到企业管理制度的约束，一般以企业的相关标准为主。

表 4-4　校内勤工与校外勤工在薪资设置方面的区别

	校内勤工	校外勤工
工资报酬	校内勤工的固定岗位按月计酬。以每月 40 个工时的酬资原则上不低于当地政府或有关部门制定的最低工资标准或居民最低生活保障标准为计酬基准 校内勤工的临时岗位按小时计酬。每小时酬金可参照学校所在地政府或有关部门规定的最低小时工资标准确定，原则上不低于每小时 12 元人民币	根据所在岗位和薪酬管理制度，企业既可以按照月薪，也可以按照日薪为学生发放薪酬，没有最低和最高标准的限制
支付方式	学生参与校内非营利性单位的勤工助学活动，其劳动报酬由勤工助学管理服务组织从勤工助学专项资金中支付	原则上由用人单位支付或从项目经费中开支；学生参加校外勤工时，其劳动报酬由校外用人单位按协议支付

校内勤工的薪资设置在原则上保证了在校大学生的最低生活费用。校外勤工在月薪和日薪的支付上没有明确的法律规定。校外勤工较少用时薪进行计算，因为我国各地对非全日制用工的时薪有不同的标准。

4. 意外伤害的区别

无论是校内勤工俭学，还是校外勤工俭学，都存在学生发生意外伤害的风险。与劳动关系下的工伤不同，无论是校内勤工俭学还是校外勤工俭学，学校或企业都无法为学生缴纳工伤保险，所以学生无法享受工伤基金支付的待遇。根据相关管理办法规定，校内勤工与校外勤工在意外伤害处理原则方面存在如表 4-5 所示的区别。

表 4-5　校内勤工与校外勤工在意外伤害处理原则方面的区别

校内勤工	校外勤工
在校内开展勤工助学活动的，学生及用人单位须遵守国家及学校勤工俭学的相关管理规定	协议书必须明确学校、用人单位与学生等各方的权利和义务，以及学生发生意外伤害事故后的处理办法和解决争议方法

需要注意的是，无论是校内勤工俭学还是校外勤工俭学，为了安全起见，学校或用人单位都应给学生购买商业保险或雇主责任险。

三、校外勤工双方协议和三方协议的区别

校外勤工俭学，也就是大家常说的"实习"，也有不同的类型。"实习"共分两种类型，第一种类型是学校、学生、企业签订三方协议；第二种类型是学生和企业签订双方协议。针对这两种情况，《高等学校勤工助学管理办法（2018 年修订）》已有明确规定：勤工助学活动由学校统一组织和管理。学生私自在校外兼职的行为，不在本办法规定之列。这

就意味着，学生和企业签订的双方协议不受上述办法的约束。那么，除此之外这两者还有哪些区别呢？具体内容如表 4-6 所示。

表 4-6　校外勤工双方协议与三方协议的区别

	双方协议	三方协议
管理办法	不受《高等学校勤工助学管理办法（2018 年修订）》的约束	受到《高等学校勤工助学管理办法（2018 年修订）》的约束
关系认定	特殊情况下可能被认定为劳动关系	实习协议或劳务关系
聘用流程	企业和学生直接签订实习协议	企业须向学校勤工助学管理服务组织提出申请，提供法人资格证书副本和相关的证明文件。经审核同意，学校勤工助学管理服务组织推荐符合工作要求的学生参加勤工助学活动

从企业的角度看，选用实习生时，企业应当优先考虑签订三方协议，而不是和员工直接签订双方协议。从学生的角度说，为了防止自己被骗，也应当签订三方协议，尽量不和企业签订双方协议。

四、实习生用工差异化调整及风险提示

尽管很多企业在实习生的使用上和标准的全日制用工差别不大，但是这并不意味着实习生的管理规范和合规性质与全日制劳动关系用工差不多。具体差别可以参照表 4-7。

表 4-7　实习生与全日制劳动关系用工的差别

	实习人员	全职人员
关系认定	主流劳务关系	劳动关系
合同签订	劳务 / 实习协议	劳动合同
用工风险	意外伤害	劳动法律风险
日常管理	约定管理	正常管理
考核规定	无法律规定	符合劳动标准
终止情形	实习期结束	法律规定 + 协议约定
收入认定	普遍的工资 + 特定的劳务	工资薪金
社保缴纳	不缴纳社保	缴纳五险二金
个税缴纳	普遍的工资 + 特定的劳务	工资薪金 / 综合所得

其中，关于关系认定的知识点在前文已作说明，此处不再赘述。鉴于实习生的特殊情况，和一般的劳务关系相比，在关系终止的问题上，由于实习生的身份将在其毕业后结束，所以即使用工双方签订了实习协议，实习协议的有效期也应当是学生毕业前，在学生毕业后，将默认实习期终止。

五、实习用工协议的制定与管理

不同于一般的劳务协议，由于实习生群体的特殊性，用工双方约定实习用工协议时有以下三个比较重要的内容。

1. 协议期限

实习用工协议的有效期只能保持在学生毕业前，超过毕业期限后，双方将根据实际用工情况确认用工关系。这点和试用期颇为相似，用工双方可以在规定期限内自由约定试用期，一旦超过规定期限，则自动转正。

2. 薪酬管理

实习生的薪酬发放根据其具体的上班时间和工作情况决定，大多以小时、天和月来计算。例如，一个大三实习生一周只能工作三天，企业就会以天来计薪；如果大四实习生能够全勤到岗工作，企业多会以月来计薪。相关法律对计薪周期没有太多的规定，即使实习生和正常的全日制员工一样朝九晚六，也没有最低工资之类的限制标准。

3. 考核管理

鉴于实习生没有太多的工作经验，且不具备更高的能力，所以企业对实习生一般不会设置考核标准，即使设置，也不建议考核标准超过全职员工的 80%。

企业可以和实习生约定考核内容、考核标准，甚至说明一旦考核不合格企业可以将其直接解雇，但考核本身要符合正常逻辑，企业不能通过欺诈和胁迫的手段要求实习生签订不平等条款。

下面是一份相对比较完整的实习协议，属于双方协议。尽管该协议中的部分内容略有瑕疵，但协议的内容无论从逻辑性和完整性上都足够适用。

<h2 style="text-align:center">实习协议书</h2>

甲方（用人单位）：

地址：

乙方（实习生）＿＿＿＿ 性别：＿＿ 年龄：＿＿ 身份证号：＿＿＿＿＿＿＿

所在学校：＿＿＿＿＿＿ 专业：＿＿＿＿＿＿ 联系电话：＿＿＿＿＿＿

乙方以提高自身专业知识为目的，自愿到甲方单位实习。为明确双方的权利和义务，甲乙双方协商一致特签订如下协议。

一、实习要求

乙方应如实向甲方提供本人真实信息，并根据甲方要求出具相关有效证明材料（如身份证、体检证明等），如乙方在提供身份证、体检证明等材料时有弄虚作假或欺骗甲方之事，甲方可以随时解除本协议。

二、实习期限

1. 实习时间自＿＿＿年＿月＿日至＿＿＿年＿月＿日，其中自＿＿＿年＿月＿日至＿＿＿年＿月＿日为试用期。

2. 实习期满后，即使乙方已领取毕业证，甲方也无义务必须录用其为正式员工。如实习结束，双方协商同意建立劳动关系，则甲方可优先录用乙方为正式员工。

三、实习岗位及工作时间

1. 甲方根据客观情况并结合乙方的专业知识和个人能力，合理安排乙方在不同或同一实习部门进行实习，其岗位职责和工作要求按实习部门的有关规定执行。

2. 乙方同意甲方和实习部门可根据工作需要或根据其工作表现和能力，调整乙方的实习岗位。

3. 乙方承诺按时完成规定的工作数量、达到规定的质量标准，并同意认真、主动、及时地完成甲方安排的其他工作任务。

4. 乙方的工作时间按实习部门的有关规定执行。若实习部门延长乙方的工作时间，乙方将获得调休或加班工资，乙方应积极配合实习部门完成加班工作。如乙方因工作需要须延长工作时间，应按公司规定填写"加班申请单"，经部门主管审批后方可加班，未经审批确认的，不视为加班亦不得作为调休依据。

四、实习管理

1. 实习期间甲方指定部门主管负责管理乙方的日常工作，实习期满后，主管应对乙方的实习表现做出客观鉴定。

2. 如果在实习期内，乙方的工作表现不符合甲方的工作要求，甲方有权随时解除本协议且无需支付任何补偿或赔偿。

3. 在实习期间，若乙方未按规定作业、违反甲方规章制度或违反法律法规，导致伤害事故或任何民事、刑事纠纷或赔偿发生的，全部责任由乙方自行承担。

4. 实习期间乙方应遵守的规定：

（1）乙方应遵守国家的法律法规，否则甲方有权解除本协议；

（2）乙方应遵守甲方的规章制度、劳动纪律及管理规定，如有违反，甲方有权随时解除本协议；

（3）乙方应遵守甲方的操作规程，如有违反并造成甲方财物等损失的，乙方应承担相应的赔偿责任；

（4）乙方有违反劳动纪律或甲方规章制度、严重失职，对甲方利益造成重大损失或被依法追究刑事、民事责任等行为的，甲方有权辞退乙方，且无需支付任何补偿；

（5）乙方同意并承诺在实习期间不乘坐无营业执照的车辆（包括且不限于摩的、三轮车、电瓶车、私家车等），如因乙方违反本条约定给自身或他人造成损失的，由乙方承担全部责任；

（6）乙方同意并承诺，如乙方在非工作时间或非工作场地或因非工作原因所产生的一切人身事故、伤害或其他经济及法律责任均由乙方承担，与甲方无关。

五、实习报酬

甲乙双方一致确认，乙方的实习工资为人民币＿＿＿元／月。在实习期间，乙方的住宿水电费由乙方自行承担。根据乙方的出勤天数，其他津贴待遇按甲方规定执行。如实习部门的工资制度发生变化或乙方的工作岗位发生变动，乙方同意按换岗后的工资标准执行。

六、劳动保护

1. 甲方需为乙方提供符合国家规定的安全、卫生的工作环境，保证其在人身安全不受伤害的环境下工作。

2. 甲方根据乙方实习岗位的实际情况，按国家规定向其提供必需的劳动防护用品。

七、保密约定

乙方应爱护甲方的财产，保守甲方的经营技术、生产、财务、人事、业务等商业秘密。经甲方要求，乙方应及时与甲方签订保守商业秘密协议。

八、知识产权

在实习期间，乙方利用甲方生产设备或物质条件所开发的项目成果的所有权归甲方所有。

九、协议终止与解除

1. 双方协商一致时，本协议可提前终止。

2. 本协议在期满后自然终止。

3. 在实习期间，乙方如违反本协议第四条第四款的约定情形，除甲方选择解除本协议外，甲方也可根据具体情况对乙方做出警告、通报等处理。

4. 在实习期间，乙方在说明原因并取得甲方同意的情况下，可以与甲方解除协议。

十、有下列情况之一的，甲方有权调整或变更乙方的实习岗位。

1. 乙方因身体状况不适宜继续在原实习岗位工作。

2. 根据乙方的工作能力及表现，确定其不适宜在原实习岗位继续工作的。

3. 由于不可抗力的因素或其他客观情况发生变化，导致乙方不能继续在原实习岗位工作的。

十一、双方约定的其他事项

1. 甲方的员工手册等相关管理办法、规章制度、规定及《保密协议》作为本协议的附件，不可分割、不可分开解释并具有同等法律约束力。

2. 针对乙方在甲方处实习的问题，乙方承诺其已告知自身所在学校并已征得学校同意。如因乙方违反本条约定，给所在学校或乙方本人造成损失或损害的，甲方不承担任何责任且有权随时解除本协议。

十二、本协议未尽事宜由甲乙双方协商解决。因本协议引起的纠纷，经协商或调解不能解决的，甲乙任何一方均有权向所在地人民法院提起诉讼。

十三、本协议一式两份，甲乙双方各执一份。本协议经甲乙双方签字盖章后生效。

甲方（盖章）：　　　　　　　乙方（签字）：

日期：____年__月__日　　　　日期：____年__月__日

在实习期间，如果用人双方签订的是双方协议，一定是企业为实习生缴纳保险；那么，在三方协议中呢？缴纳保险的责任人究竟是企业还是学校？答案是必须有一方给实习生缴纳保险，具体由哪一方缴纳可以由企业与学校双方约定，鉴于三方协议一般都是学校出具模板协议，所以由企业缴纳保险的概率相对较高。

六、实习生薪酬的发放与个税的缴纳

一般来说，HR 在为员工缴纳个税之前，会确认该笔费用的属性问题。例如，企业支付给实习生的薪酬到底属于工资薪金，还是劳务报酬，或者是福利费？

根据《关于企业所得税应纳税所得额若干税务处理问题的公告》：企业因聘用季节工、临时工、实习生、返聘离退休人员及接受外部劳务派遣用工所实际发生的费用，应区分为工资薪金支出和职工福利费支出，并按照《企业所得税法》规定在企业所得税前扣除。其中属于工资薪金支出的，准予计入企业工资薪金总额的基数，作为计算其他各项相关费用的依据。

根据上述文件的指示，企业为实习生支付的工资需要被区分为工资薪金或职工福利费，并未提及到劳务报酬的问题。同时，根据《企业支付实习生报酬税前扣除管理办法》的规定，企业税前扣除的实习生报酬，依照税收规定的工资税前扣除办法进行管理。实际支付的实习生报酬高于允许税前扣除工资标准的，按照允许税前扣除工资标准扣除；实际支付的实习生报酬低于允许税前扣除工资标准的，按照实际支付的报酬税前扣除。

按照国家相关法律的规定，企业向实习生支付的费用应当属于工资薪金所得，而非劳务报酬所得。那么，为什么很多地方的实习生报酬是按照劳务报酬所得缴纳个人所得税呢？前文中我们提到了一个假设，那就是企业是按照正式的全日制劳动关系来管理实习生的，如果企业不是以劳动关系的方式管理实习生呢？在这个问题上国家还是给予了企业一些自治空间的。

根据《企业支付实习生报酬税前扣除管理办法》以及相关企业所得税管理办法，企业在支付实习生报酬的时候，需要注意如下问题。

1. 企业可在税前扣除的实习生报酬，包括以货币形式支付的基本工资、奖金、津贴、补贴（含地区补贴、物价补贴和误餐补贴）、加班工资、年终加薪和企业依据实习合同为实习生支付的意外伤害保险费。

2. 企业或学校必须为每个实习生开设独立的银行账户，企业必须以转账方式向实习生支付货币性报酬。企业以非货币形式向实习生支付的报酬，不允许在税前扣除。

3. 企业因接受学生实习而从国家或学校取得的补贴收入，应计入企业的应税收入，缴纳企业所得税。

根据相关规定，企业向实习生支付的报酬和向一般职工支付的报酬在所得税税前扣除的规定上略有区别。总体来看，企业支付实习生的报酬在计入企业所得税税前扣除的要求和规定比一般员工的报酬要高。

七、实习管理中违约金的实操问题

实习生违约是企业管理实习生的难题之一。一般来说，普通违约并不会给企业造成多少损失，企业也不会予以追究。但是，有些企业在招聘优秀实习生的过程中会以落户作为报酬的组成部分。一线城市落户名额的稀缺是可想而知的，对企业来说，为了保住自身企业可以落户的名额与员工签订关于违约金的约定无可厚非；而实习生为了能够落户而去企业上班，成功落户后寻找更好的发展机会也是人之常情。这两种矛盾的场景能不能靠法律规定来解决呢？法律对实习生违约金的规定分为如图 4-5 所示的三种情形。

图 4-5 关于实习生违约金的法律规定

如果实习生在企业中已经转变成了正式员工，和企业形成了标准的全日制劳动关系，那么在劳动关系中企业可以设置违约金的场景只有竞业限制＋培训服务期＋企业白送。

因为在落户协议中设置违约金既不属于竞业限制，也不属于培训服务期，更不是企业白送违约金，所以从劳动关系的角度来说，企业设置违约金很难得到法律的支持。

从本质上看，企业与员工签订设置违约金的协议是为了尽可能减少员工落户后离职给企业造成的损失，如果从劳动关系的角度设定违约金并不符合法律规定，企业也可以将其设置为借款，双方签订金额一致的借款协议，员工分期还款，直至还清。此种方式虽然还没有被广泛运用，但从表面上看比设置违约金的效果好。

八、与"新人"用工有关的法律规定

关于实习生的用工规定有很多，如《高等学校勤工助学管理办法》和《关于企业所得税应纳税所得额若干税务处理问题的公告》。除此之外，还有四个比较常见的文件中有与实习生相关的内容，我们通过饼图的形式给大家进行简单说明，如图4-6所示。

企业对实习生的管理难度并不大，面对2020年874万名应届毕业生，以及未来越来越多的毕业生，许多企业重新燃起了招聘实习生、培养管培生的兴趣。不过，在实操之前，企业要了解清楚关于实习生管理的一些常见问题。

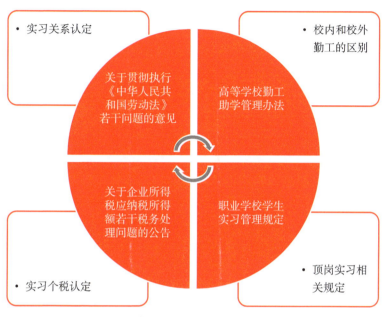

图 4-6　与实习生有关的四个法律文件

第三节　民事雇佣关系——"老人"

老板：有个问题我疑惑很久了，为什么一个人已经退休了还要到公司去工作？他图什么呢？

HR：我工作 10 年都不如老板你 1 年的收入多，所以我肯定图的是钱。

老板：退休返聘回来的人员一般收入不高吧？

HR：也有人不是为了钱，而是为了证明自己，如廉颇八十上阵杀敌……

老板：马失前蹄了怎么办呢？

HR：老板放心，不算工伤，企业没有法律责任。

一、退休人员与企业用工关系认定

退休年龄一般分为常规退休年龄、提前退休年龄和延长退休年龄，可参考图 4-7 的相关规定。

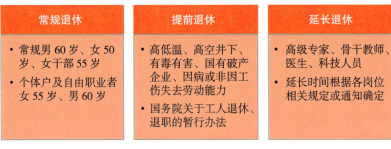

常规退休	提前退休	延长退休
• 常规男 60 岁、女 50 岁、女干部 55 岁 • 个体户及自由职业者女 55 岁、男 60 岁	• 高低温、高空井下、有毒有害、国有破产企业、因病或非因工伤失去劳动能力 • 国务院关于工人退休、退职的暂行办法	• 高级专家、骨干教师、医生、科技人员 • 延长时间根据各岗位相关规定或通知确定

图 4-7　退休年龄的相关法律规定

虽然我国目前尚未出台延迟退休政策，但笔者认为我国实施延迟退休势在必行，只是时间问题。

在尚未出台新政之前，我们发现：对于男性群体，常规的退休年龄基本没有差别，统一将 60 岁作为退休年龄；而女性则会区分普通身份、干部身份、个体户身份及自由职业者身份。在实践中，最让 HR 感到困惑的问题就是如何确认干部身份，在"助理→专员→主管→经理→总监→总裁"这个梯队中，哪些属于"干部"类岗呢？HR 可以带相应材料去当地人力资源管理机构进行咨询。

在审核身份的过程中，如果该员工在即将退休的企业中工作时间较短，机构工作人员还需要审核员工之前的工作经历，再做出综合判断。

退休，就意味着用工双方的用工关系可能会发生变化，如从原来的劳动关系转变成劳务关系。即使我们研究清楚了退休年龄，也不意味着到了退休年龄，用工双方的劳动关系就终止了。因为《中华人民共和国劳动合同法》与《中华人民共和国劳动合同法实施条例》对这个问题的说法是大相径庭的（如图 4-8 所示）。各地针对这个问题给出了自己的答案（如图 4-9 所示）。

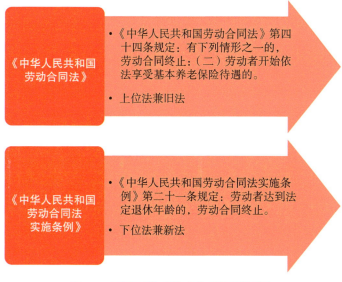

图 4-8 不同法律对劳动关系终止的认定

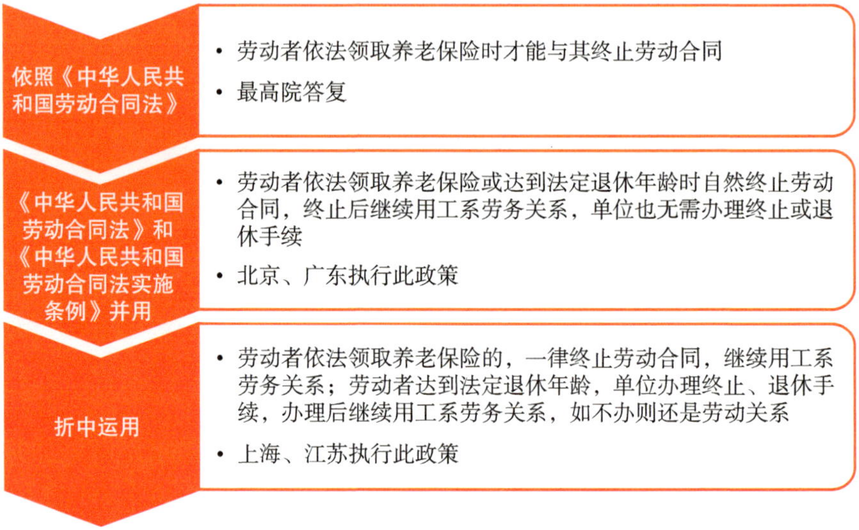

依照《中华人民共和国劳动合同法》	• 劳动者依法领取养老保险时才能与其终止劳动合同 • 最高院答复
《中华人民共和国劳动合同法》和《中华人民共和国劳动合同法实施条例》并用	• 劳动者依法领取养老保险或达到法定退休年龄时自然终止劳动合同，终止后继续用工系劳务关系，单位也无需办理终止或退休手续 • 北京、广东执行此政策
折中运用	• 劳动者依法领取养老保险的，一律终止劳动合同，继续用工系劳务关系；劳动者达到法定退休年龄，单位办理终止、退休手续，办理后继续用工系劳务关系，如不办则还是劳动关系 • 上海、江苏执行此政策

图 4-9　各地对终止劳动关系的规定

对于图 4-9 没有提到的地方，企业可在员工达到法定退休年龄的时候并办理退休手续后，再终止劳动关系，如果有需要，可以转为与其建立劳务关系。

二、退休人员用工差异化调整及风险提示

和实习生比较类似的是，尽管退休人员在企业管理上和全日制劳动关系比较接近，也依然存在着一些差异，这个差异主要是基于退休人员的特殊身份产生的，具体差异可以参考表 4-8。

表 4-8　退休人员与在职人员的差异

	退休人员	在职人员
关系认定	主流劳务关系	劳动关系
合同签订	劳务协议	劳动合同
用工风险	意外伤害	劳动法律风险
日常管理	约定管理	正常管理
考核规定	无法律规定	符合劳动标准
终止情形	协议约定	法律规定＋协议约定
收入认定	特定的工资＋普遍的劳务	工资薪金
社保缴纳	不缴纳社保	五险二金
个税缴纳	特定的工资＋普遍的劳务	工资薪金/综合所得

　　符合退休条件的、已办理退休手续的退休人员与企业的关系在主流上被认定为是劳务关系；而没有达到退休年龄或者没有办理任何退休手续，又按照劳动关系管理的人员，则大概率会被认定为与企业具备劳动关系。

三、退休人员用工协议的制定与管理

　　结合实习生和劳务关系的相关内容，企业与退休人员签订的用工协议的基本逻辑是从参考《民法典》，到参考协议中的重要要件，再到参考解除终止条件以及约定条款等（如图 4-10 所示）。

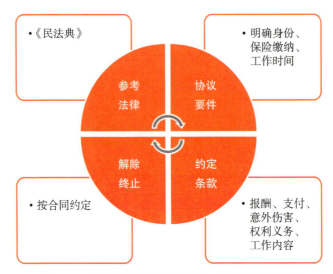

图 4-10　企业与退休人员签订用工协议的基本逻辑

下面是企业与退休人员终止劳动合同通知书范本，供读者参考。

尊敬的　　　　女士：

根据《中华人民共和国劳动合同法实施条例》第 21 条、《中华人民共和国劳动法》以及国家现行的关于法定退休年龄的有关规定，鉴于您将于____年__月__日年满 50 周岁，达到法定退休年龄，满足了法定终止劳动合同的条件，现公司提前通知您，双方于____年__月__日签订的劳动合同（劳动合同期限____年__月__日至____年__月__日）将于____年__月__日终止，请您于____年__月__日前到公司人力资源部办理终止劳动合同的手续。

特此通知！

_____有限公司

____年__月__日

说明：本通知一式两份，劳动者持一份，企业留存一份。

这是一份典型的女性非"干部"岗位终止劳动合同通知书，员工到达法定退休年龄后，用工双方是终止而不是解除劳动合同，所以 HR 一定不能用错通知书类型。如果企业录用的员工已经办过退休手续了，那么企业可以与其签订以下劳务协议。

劳务协议

甲方：_____

法定代表人或主要负责人：_____

乙方：_____

身份证号码：_____

通信地址：_____

邮政编码：_____

联系电话：_____

基于乙方是____种人员（A：退休人员；B：在校学生），根据《中华人民共和国民法总则》《中华人民共和国合同法》和有关规定，甲乙双方经过平等协商，自愿签订本劳务协议，共同遵守本协议所列条款。

第一条　本协议于____年__月__日生效，至____年__月__日终止。

第二条　乙方提供劳务的内容为完成甲方所分派的＿＿＿。

第三条　乙方需遵守甲方的劳动纪律和规章制度及对相关岗位和工种的规定；严格遵守甲方的劳动安全卫生、操作规程和工作规范；爱护甲方的财产；遵守职业道德；积极参加甲方组织的培训，提高思想觉悟和职业技能；保守甲方的商业秘密。

第四条　乙方完全同意并保证自身能依据本协议第二条、第三条约定的劳务内容和要求为甲方提供劳务。

第五条　甲方支付乙方劳务报酬的标准和时间

甲方按月支付乙方的劳务费，支付金额为＿＿＿元。

第六条　乙方依法缴纳个人所得税，甲方依法代乙方扣缴。

第七条　甲乙双方若单方面解除本协议，需提前＿＿＿天通知另一方。

第八条　本协议终止后，乙方应在一个月内将有关工作向甲方移交完毕，并附书面说明，如因移交不准确及时而给甲方造成损失，乙方应予赔偿。

第九条　本合同中乙方的通信地址为乙方唯一固定通信地址，若该通信地址发生变化，乙方应在三日内以书面形式通知甲方，如未告知，由乙方承担相应责任。

第十条　本合同一式两份，甲乙双方各执一份。

第十一条　双方其他约定：＿＿＿＿＿＿＿＿＿＿＿＿＿＿＿＿＿＿＿＿＿

＿＿＿＿＿＿＿＿＿＿＿＿＿＿＿＿＿＿＿＿＿＿＿＿＿＿＿＿＿＿＿＿＿＿

_____

_____

_____

_____

甲方（公章）：　　　　　　乙方（签字）：

日期：____年__月__日　　　日期：____年__月__日

这份协议的起始是关于个人身份的确认，不管是退休人员还是实习生，都适用这份协议。在退休人员签订的劳务协议中，不同于一般的劳务协议，确认身份是一个必要环节。协议的后续内容相对较少，其中关于意外伤害和保险缴纳的问题值得 HR 思考。由于退休人员的年龄偏大，建议 HR 为其缴纳意外险或雇主责任险，同时要注意约定发生意外伤害后的处理手续与流程。

四、退休人员薪酬的发放和个税的缴纳

关于退休返聘人员的个人所得税问题，《国家税务总局关于个人兼职和退休人员再任职取得收入如何计算征收个人所得税问题的批复》（国税函〔2005〕382 号）规定：

"退休人员再任职取得的收入，在减除按个人所得税法规定的费用扣除标准后，按'工资、薪金所得'应税项目缴纳个人所得税。"

同时根据《国家税务总局关于离退休人员再任职界定问题的批复》（国税函［2006］526号）规定：

《国家税务总局关于个人兼职和退休人员再任职取得收入如何计算征收个人所得税问题的批复》（国税函［2005］382号）所称的"退休人员再任职"，应同时符合下列条件：

1. 受雇人员与用人单位签订一年以上（含一年）劳动合同（协议），存在长期或连续的雇用与被雇佣关系；

2. 受雇人员因事假、病假、休假等原因不能正常出勤时，仍享受固定或基本工资收入；

3. 受雇人员与单位其他正式职工享受同等福利、培训及其他待遇；

4. 受雇人员的职务晋升、职称评定等工作由用人单位组织。

综上所述，符合特定条件的退休返聘人员的收入按照"工资薪金所得"缴纳个人所得税。不符合特定条件的退休返聘人员按照"劳务报酬所得"缴纳个人所得税。

五、退休人员与实习生在用工关系和个税上的区别

结合上文我们可以发现，退休人员与企业确定的用工关系，并不直接影响退休人员收入对应个人所得税的种类认定，甚至特殊的离退休人员的收入还免征个人所得税。于是退休人员的用工关系和收入认定、个税认定形成了两条不同的线，这给企业管理带来了一定的难度（如图

4-11 所示）。

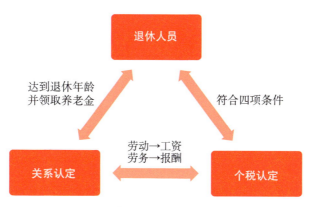

图 4-11　退休人员用工关系与个税认定

　　实习生与企业确定的用工关系，也不直接影响实习生收入与个人所得税的认定，依然走的是两条线（如图 4-12 所示）。为什么会出现这样的情况呢？主要原因是实习生与退休人员、新人与老人，都是属于用工关系中身份特殊的一类人。这类特殊身份使得两者在认定劳动关系的过程和方法上与常规员工并不一样，在收入与个人所得税的认定上又采取了不同的措施和态度。实习生以保证其实习收入为主；对退休人员而言，由于其已经领取了一份养老金，所以其收入和个税的规定更加倾向于和事实用工关系相对应。因此，实习生和退休人员的用工关系与个税认定虽有很多相似之处，但并不完全相同。

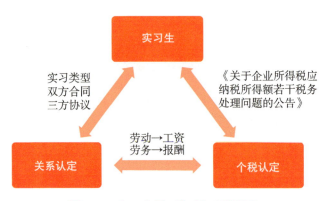

图 4-12　实习生用工关系与个税认定

六、与"老人"用工有关的法律规定

关于退休人员的管理，相关法律都有明确的规定（如图 4-13 所示），所以企业管理退休人员的难度并不大。基于我们提到的实习生和退休人员这两类人员身份的特殊性，浙江省公布了一份比较特殊的文件（如图 4-14 所示）。

图 4-13　"老人"用工的法律规定

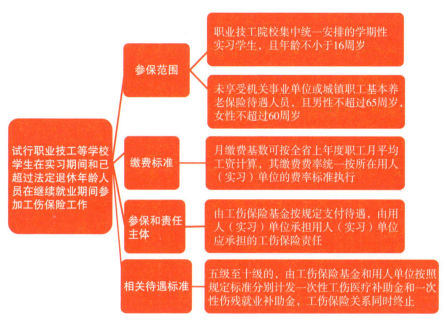

图 4-14 实习生与退休人员的保险规定

文件中对于符合一定条件的实习生和退休人员在就业期间由相关用人单位承担工伤保险责任并对 5~10 级工伤进行了规定。这项规定在一定程度上可以解决仅因为发生意外伤害而需要认定劳动关系的问题。

第四节 特殊劳动关系——"非全"

房地产项目总监：新楼就要开盘了，你马上帮我招一批兼职和小时工在附近区域发宣传单。

HR：人家有称呼，叫非全日制用工……

房地产项目总监：我不管他们叫什么，宣传期是一个月，每天工作8小时，声势越大越好！

服装项目总监：我们的新门店也要开张了，你能不能也招一批人来宣传宣传。

HR：这样吧，我招两批人，一批为新楼盘宣传，一批为新门店宣传；第二天两批人换一下宣传对象，这主意不错吧。

老板：好主意！

一、非全日制用工关系的定义

非全日制用工关系，在实践中经常被称为"小时工"。结合日常工作特点，我们将非全日制用工关系定义为"以小时为单位，灵活又受保护的特殊劳动关系"（如图 4-15 所示）。

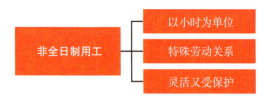

图 4-15　非全日制用工的定义

二、非全日制用工关系的五大要点

《中华人民共和国劳动合同法》对非全日制用工关系的规定如下。

第六十八条　非全日制用工，是指以小时计酬为主，劳动者在同一用人单位一般平均每日工作时间不超过四小时，每周工作时间累计不超过二十四小时的用工形式。

第六十九条　非全日制用工双方当事人可以订立口头协议。

从事非全日制用工的劳动者可以与一个或者一个以上用人单位订立劳动合同；但是，后订立的劳动合同不得影响先订立的劳动合同的履行。

第七十条　非全日制用工双方当事人不得约定试用期。

第七十一条　非全日制用工双方当事人任何一方都可以随时通知对方终止用工。终止用工，用人单位不向劳动者支付经济补偿。

第七十二条　非全日制用工小时计酬标准不得低于用人单位所在地人民政府规定的最低小时工资标准。

非全日制用工劳动报酬结算支付周期最长不得超过十五日。

以上内容主要从工作时间、协议订立、试用期管理、协议解除终止及薪酬结算五个要点进行了明确的规定，这个规定可以说是"高压线"。企业一旦触及其中一条红线，在实践中都容易被认定为与个人具备事实劳动关系。

三、非全日制用工协议中应注意的事项

虽然非全日制用工关系也属于劳动关系，但鉴于其具有一定的特殊性，企业与个人签订的协议和常规的劳动合同还是有很大差别的。例

如，劳动合同中有九大必备条款，但非全日制用工协议中没有；劳动合同中可以约定试用期，非全日制用工协议里就无法约定试用期，等等。针对非全日制用工协议的内容事项，HR 要重点把握以下条款（如表 4-9所示）。

表 4-9 非全日制用工协议的重要条款

	合同 / 协议事项	具体内容
1	用人单位信息	名称、地址、法定代表人、企业信用代码等
2	个人信息	姓名、电话、地址、邮箱、身份证号码、紧急联系人等
3	合同 / 协议期限	无特殊规定，但不能设定试用期
4	工作地点	可以根据企业及业务的具体情况进行调整
5	工作内容	无特殊规定，由企业自主设定
6	工作时间	一般每天不超过 4 小时，一周不超过 24 小时
7	薪资福利	以小时工资为主，不得低于当地最低小时工资。支付周期不超过 15 天
8	社会保险	应当缴纳社会保险。合同中可以约定由个人缴纳社保，小时工资中包含个人需要缴纳的社保部分，但部分地区企业需要缴纳工伤或全部社保。建议企业给员工购买商业兜底保险
9	权利义务	如病假、解除协议、终止协议等相关规定，以双方约定为主

非全日制用工协议

甲方：   （以下简称"甲方"）

乙方：   （以下简称"乙方"）

性别：   出生日期：   家庭住址：

身份证号码：

甲方和乙方就双方之间建立非全日制用工关系及其权利义务等事宜，根据有关法律、法规和规章制度的规定，本着诚实信用、平等自愿的原则，双方协商一致签订本协议。

第一条 岗位与职责

1. 乙方在甲方担任____的工作，工作性质为非全日制用工。

2. 乙方应履行相关岗位职责，按时、保质、保量地完成本职工作。

3. 乙方应服从甲方根据其经营需要、乙方工作能力及其表现而安排或调动的工作岗位。

第二条 协议期限

本协议自_____起至_____止。

第三条 劳动纪律及规章制度

1. 乙方应自觉遵守国家的法律、法规和社会公德、职业道德，自觉维护甲方的声誉和利益。

2. 协议履行期间，乙方应严格遵守甲方制定和修改的各项规章制度、工作程序、劳动纪律。

第四条 工作时间

1. 乙方向甲方提供劳动，工作时间不超过国家和地方对非全日制用工工作时间的规定；乙方每月的工作时间以甲乙双方书面确定的时间为唯一认定标准；甲方对乙方进行排班管理，不作考勤管理。

2. 乙方每天工作的时间共计＿＿＿个小时，一周工作＿＿＿天。因甲方原因导致乙方工作的时间超出本协议约定的时间的，甲方按照约定的小时工资为其计发工资。

第五条　劳动报酬及福利待遇

1. 乙方每小时工资为人民币＿＿＿元，其中包括应该缴纳的社会保险费。每月 15 日、30 日甲方根据乙方在 15 天内的工作小时数核定工资，并发放工资；乙方授权甲方 15 天计算一次工资，每 30 天统一支付一次工资。

2. 按国家及＿＿＿市的有关规定，乙方的各项社会福利保险费用由乙方在户口所在地自行办理，费用包含在甲方支付给乙方的劳动报酬之中。

第六条　解除协议

依据国家关于非全日制用工的有关法律规定，在本协议的履行过程中，甲方可根据工作需要随时单方解除本协议，乙方欲解除本协议需要提前＿＿＿天告知甲方。

第七条　甲方根据生产经营需要依法制定规章制度和劳动纪律，乙方应认真学习并遵守甲方依法制定的规章制度；严格遵守劳动安全卫生、操作规程和工作规范；爱护甲方的财产，遵守职业道德；积极参加甲方组织的培训，提高思想觉悟和职业技能。

第八条　本协议解除或终止时，乙方无权向甲方要求任何经济补偿。

第九条　其他

1. 甲乙双方因履行本协议发生争议的，应尽力协商解决。如果协商不成，任何一方可向甲方所在地劳动争议仲裁委员会申请仲裁，对仲裁不服的，可向甲方所在地人民法院提起诉讼。

2. 本协议一式两份，甲乙双方各执一份，具有同等效力。

甲方：　　　　　　　　　　　乙方：

签订日期：　　　　　　　　　签订日期：

考虑到非全日制用工和全日制劳动关系存在较多的区别，如工作时间、发薪周期等，企业在协议中必须和员工进行协商并明确。在协议中，企业可以说明小时工资中已包含社会保险费用，社会保险由员工个人缴纳。同时，企业应当给员工缴纳单工伤或意外险。

在上述提到的一些与个人签订的协议合同中，许多企业为了方便，与员工签订的都是"格式条款"。由于协议合同是属于双方协商一致的结果，而格式条款在一定程度上会破坏这种协商一致的平衡。在2021年即将实施的《民法典》中，有如下关于格式条款的描述。

第四百九十六条　格式条款是当事人为了重复使用而预先拟定，并在订立合同时未与对方协商的条款。

采用格式条款订立合同的，提供格式条款的一方应当遵循公平原则确定当事人之间的权利和义务，并采取合理的方式提示对方注意免除或者减轻其责任等与对方有重大利害关系的条款，按照对方的要求，对该条款予以说明。提供格式条款的一方未履行提示或者说明义务，致使对方没有注意或者理解与其有重大利害关系的条款的，对方可以主张该条款不成为合同的内容。

第四百九十七条 有下列情形之一的，该格式条款无效：

（一）具有本法第一编第六章第三节和本法第五百零六条规定的无效情形；

（二）提供格式条款一方不合理地免除或者减轻其责任、加重对方责任、限制对方主要权利；

（三）提供格式条款一方排除对方主要权利。

第四百九十八条 对格式条款的理解发生争议的，应当按照通常理解予以解释。对格式条款有两种以上解释的，应当作出不利于提供格式条款一方的解释。格式条款和非格式条款不一致的，应当采用非格式条款。

第五百零六条 合同中的下列免责条款无效：

（一）造成对方人身损害的；

（二）因故意或者重大过失造成对方财产损失的。

简单来说，用工双方可以签订格式条款，如非全日制用工协议，但是在签订过程中 HR 必须向员工说明薪酬支付、工作时间、解除终止、保险缴纳等问题，并留有书面证据。

四、如何防止非全日制用工关系被认定为劳动关系

非全日制用工作为近年来崛起的热门用工形式，许多企业都跃跃欲试。但非全日制用工管理中有许多注意事项，稍有不慎企业便会被认定为在使用全日制用工。企业在使用非全日制用工时，应注意以下事项。

1. 试用期管理。企业不能与非全日制用工约定试用期。约定试用期的工作制容易被认定为全日制工作制。

2. 工作时间管理。非全日制用工的工作时间是指平均下来每天不超过 4 小时，每周的总工作时长不超过 24 小时。也就是说，发生争议时，仅仅因为"超时"，原本的"非全"将被认定为全日制工作制。

3. 结算周期管理。非全日制用工的发薪周期应当按照《中华人民共和国劳动合同法》的相关规定，不超过 15 天。长期按照全日制用工的月工资形式发放的，容易被认定为全日制工作制。无法做到 15 天为一个周期的，企业也应当频繁地进行结算支付。

4. 工资标准管理。设定非全日制用工的工资标准应当按照小时工资来计算，以月工资作为计薪标准的用工形式容易被认定为全日制工作制。

5. 社保缴纳管理。合同中可以约定由个人缴纳社保，小时工资中包含个人需要缴纳的社保部分。但部分地区企业需要缴纳工伤险或全部社保。建议企业给员工购买单工伤险、雇主险或商业兜底保险。

上述内容为区分全日制劳动关系和非全日制劳动关系时较为关键的因素。企业需要使用非全日制用工的，应当考虑上述要素并及时采取应

对措施。除此以外，非全日制劳动关系与全日制劳动关系还有很多不同之处，如特殊人员管理、假期管理、关系解除终止、适用人群、合同内容等。我们通过表4-10进行对比。

表4-10　非全日制用工与劳动关系用工的区别

	非全日制用工	劳动关系用工
关系认定	特殊劳动关系	标准劳动关系
合同期限	无特殊规定，但不能设定试用期	可以根据《中华人民共和国劳动合同法》约定试用期
薪酬福利	以小时工资为主，不得低于当地最低小时工资。支付周期不超过15天	以月薪制或年薪制为主，每月工资不得低于当地最低月工资标准
社会保险	应当缴纳社会保险。合同中可以约定由个人缴纳社保，小时工资中包含个人需要缴纳的社保部分，但部分地区企业需要缴纳工伤险或全部社保。建议企业给员工购买商业兜底保险	企业必须为员工缴纳社会保险
合同内容	工作时间期限、工作内容、劳动报酬、劳动保护和劳动条件	用人单位的名称、住所和法定代表人或主要负责人；劳动者的姓名、住址和居民身份证或者其他有效身份证件号码；劳动合同期限；工作内容和工作地点；工作时间和休息休假；劳动报酬；社会保险；劳动保护、劳动条件和职业危害防护
特殊员工	不区分特殊员工	女职工、童工等特殊规定
假期管理	根据双方合同和协议的约定	病假、女性员工三期、工伤假期等法定规定

（续表）

	非全日制用工	劳动关系用工
关系解除终止	根据双方合同和协议的约定	根据相关法律规定
工作时间	一般每天不超过 4 小时，一周不超过 24 小时	标准工时、不定时工时、综合工时
适用人群	企业非核心人员	企业所有具备劳动关系的人员
合同类型	口头或书面合同	书面合同

五、非全日制人员薪酬的发放和个税的缴纳

在实践工作中，企业对非全日制人员的薪酬发放认定主要有两种形式（如图 4-16 所示），第一种将小时工资认定为工资薪金所得，以表入账；第二种将小时收入认定为劳务报酬所得，以票入账。仅从便捷性的角度来说，前者更适合企业，后者更有利于劳动者的整体收入。

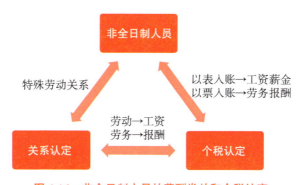

图 4-16　非全日制人员的薪酬发放和个税认定

六、特殊劳动关系的种类和区别

特殊劳动关系是一个比较通俗的说法。在《关于特殊劳动关系有关问题的通知》中有相应的说明，表 4-11 中只是针对日常工作中比较常见的特殊劳动关系，讲述它们在社保缴纳与工资支付上的特殊性。

表 4-11 五种特殊劳动关系的社保缴纳与工资支付情况

特殊劳动关系	社保缴纳情况	工资支付情况
双重劳动关系	由其中一家企业缴纳社保；我国多地个人社保无法重复缴纳。企业是否需要两处缴纳企业社保需要根据当地规定	依据正常规定支付薪资即可；一般不低于当地最低工资标准
企业协保人员	员工已经在街道办或其他地方缴纳低保	依据正常规定支付薪资即可；一般不低于当地最低工资标准
企业内退人员	企业和原有单位依然保留劳动关系，由原有单位负责缴纳社保	发放生活补助费。该费用标准可以由双方协商确定，但一般不低于当地失业人员的相关标准
停薪留职人员	企业和单位依然保留劳动关系，由单位负责缴纳社保	该费用标准可以由双方协商确定，没有专门规定标准
下岗待产人员	企业和单位依然保留劳动关系，由单位负责缴纳社保	首月，企业需支付员工正常工资；从第二个月开始，用工双方可以进行协商，企业支付不低于当地工资标准 80% 的薪资

七、与非全日制用工有关的法律规定

对于图 4-17 中的内容，我们在前文中已经介绍过前三点。关于最后一点，实施条例中提到的派遣单位不得使用非全日制用工的问题，我们在第一章的案例分析中也做过类似的分析。劳务派遣单位与派遣工之间建立的是标准的全日制劳动关系，这就意味着派遣工需要享受全日制劳动关系的相关权益。派遣工被派遣到用工单位时按照哪种用工模式处理，属于用工单位的用工自主权，为了保护派遣工的权益，派遣工与劳务派遣单位之间就无法形成非全日制用工关系。

图 4-17　与非全日制用工有关的法律规定

第五节　三方用人关系——"派遣"

老板：今年我们公司要评高新企业，你快看看咱们符合要求吗？

HR：我们公司今年业务急速扩张，新招聘了很多学历不高的员工，导致我们公司的高学历员工占比不达标。

老板：把这些学历不高的员工都派遣出去，算作劳务公司的人，是不是我们就可以达标了？

HR：派遣的规定挺多的，一旦出了问题我们也要承担连带责任。

一、企业、个人、派遣公司三方的关系认定

劳务派遣，又称人力派遣、人才租赁、劳动派遣、劳动力租赁、雇员租赁，是指由劳务派遣机构与派遣劳动者订立劳动合同，把劳动者派向其他用工单位，再由用工单位根据协议向派遣机构支付服务费用的一种用工形式（如图 4-18 所示）。

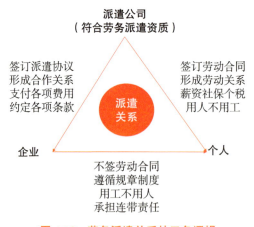

图 4-18　劳务派遣关系的三角逻辑

当下，许多企业和人力资源机构都将劳务派遣视为灵活用工的一种形式。

个人、企业（通常又被称为用工单位）、派遣公司（通常又被称为用人单位）三者之间的关联和借调略有一些相似之处，都是把个人从一家有劳动关系的单位派到另一家不存在劳动关系的单位。不过，派遣和借调还是存在一些本质上的区别的：用人单位的性质以及用人单位和用工单位的关系决定了这一场"三人转"必然不同于借调时的"三人转"。

二、派遣的种类

派遣的种类比较多，如图 4-19 所示。

图 4-19　派遣的种类

（1）全程派遣：从招聘、入职、签订劳动合同到关系管理、发薪、离职等一条龙服务。

（2）转接派遣：除招聘以外的所有流程都转接至派遣公司进行管理。

（3）减员派遣：从企业减员进入派遣公司，将劳动关系从企业转到派遣公司。

（4）试用派遣：与减员派遣操作相反。除将员工转入正式编制外亦可增加试用期。

（5）项目派遣：即以完成一定任务为目的的派遣，到期退回派遣公司。

三、派遣的特性及现状分析

从劳动合同法到派遣暂行规定等一系列法律条文中可以总结出，目前劳务派遣的特性可以总结为如图 4-20 所示的六点。派遣单位违反上述任意一点，都会违反法律规定，而派遣单位违法会间接影响到用工单位。

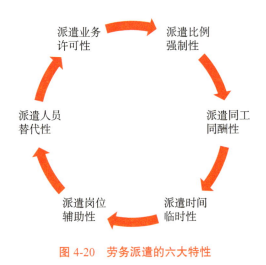

图 4-20　劳务派遣的六大特性

目前我国对派遣的业务许可性、比例强制性、同工同酬性的监管和处罚相对比较严格。如果在同工同酬的过程中企业无同类岗位，薪酬可参考相似岗位或市场上同类岗位的薪酬标准；如果同类岗位的劳动报酬低于最低工资标准，则会涉嫌违反法律规定，企业不可盲目照搬。

目前，我国对派遣的时间临时性、岗位辅助性、人员替代性的监管相对比较宽松。关于劳务派遣六大特性的解析如图 4-21 所示。

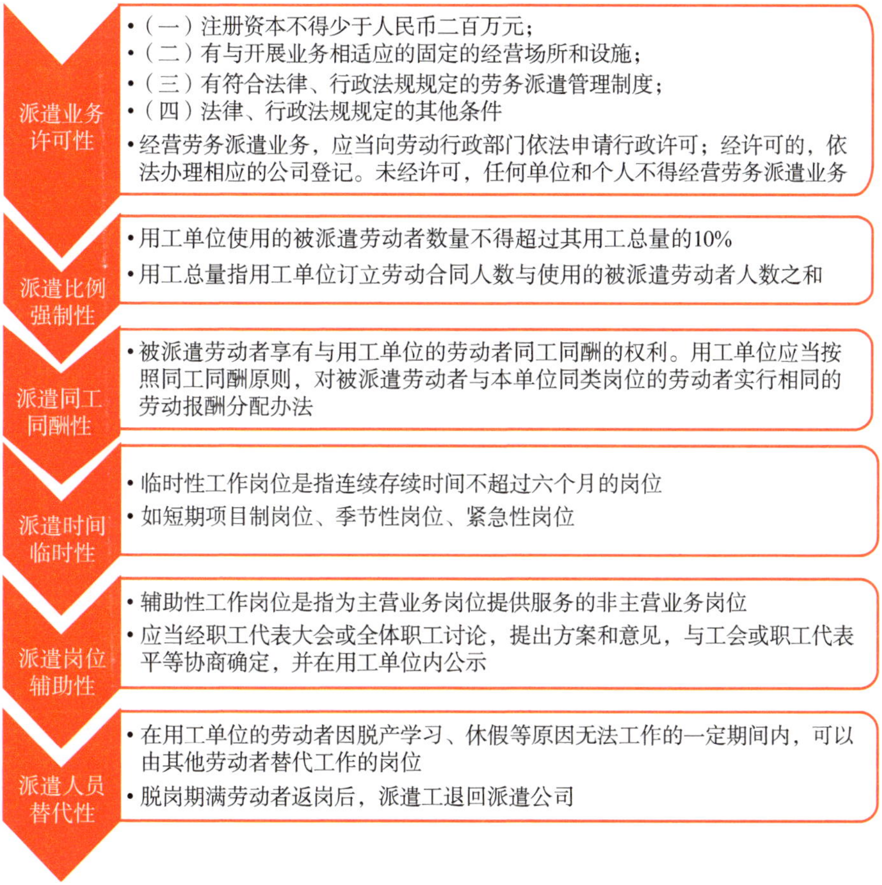

派遣业务许可性
- （一）注册资本不得少于人民币二百万元；
- （二）有与开展业务相适应的固定的经营场所和设施；
- （三）有符合法律、行政法规规定的劳务派遣管理制度；
- （四）法律、行政法规规定的其他条件
- 经营劳务派遣业务，应当向劳动行政部门依法申请行政许可；经许可的，依法办理相应的公司登记。未经许可，任何单位和个人不得经营劳务派遣业务

派遣比例强制性
- 用工单位使用的被派遣劳动者数量不得超过其用工总量的10%
- 用工总量指用工单位订立劳动合同人数与使用的被派遣劳动者人数之和

派遣同工同酬性
- 被派遣劳动者享有与用工单位的劳动者同工同酬的权利。用工单位应当按照同工同酬原则，对被派遣劳动者与本单位同类岗位的劳动者实行相同的劳动报酬分配办法

派遣时间临时性
- 临时性工作岗位是指连续存续时间不超过六个月的岗位
- 如短期项目制岗位、季节性岗位、紧急性岗位

派遣岗位辅助性
- 辅助性工作岗位是指为主营业务岗位提供服务的非主营业务岗位
- 应当经职工代表大会或全体职工讨论，提出方案和意见，与工会或职工代表平等协商确定，并在用工单位内公示

派遣人员替代性
- 在用工单位的劳动者因脱产学习、休假等原因无法工作的一定期间内，可以由其他劳动者替代工作的岗位
- 脱岗期满劳动者返岗后，派遣工退回派遣公司

图 4-21　劳务派遣的特性解析

四、传统劳务派遣与新型灵活派遣

自从 2008 年《中华人民共和国劳动合同法》出台后，传统劳务派遣的用工形式延续至今，我们通过表 4-12 来总结其主要内容。

在目前的市场环境中，劳务派遣受到的冲击并不小，尤其是北京在 2020 年 7 月出台了《有关第三方劳务派遣 / 劳务外包机构人员增员中的操作提醒》后，劳务派遣及后续提到的社保代理大库模式又将经历一次挑战。

笔者曾经针对灵活派遣画过三角关系的草图（如图 4-22 所示）。这张图从个人的角度出发，描绘了 A、B、C 三层的三角关系，这三层的三角关系看似互不相干，也没有直接关联，但仔细推敲一下就会发现，这是典型的新型灵活派遣的基本模型，将派遣 A、外包 B、平台 C 捆绑在一起，并持续对人才进行匹配，牢牢地把核心人才攥在了手中。这也许会成为传统劳务派遣公司转型的一个方向。

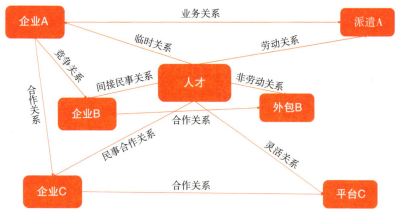

图 4-22　灵活派遣的三层三角关系

表 4-12　劳务派遣的用工形式

因素	运营成本	利润收益	安全系数	运营模式	设计群体	解决需求
内容	派遣用工的人工成本＋管理成本＋社保公积金成本＋离职成本＋闲置用工成本＋第三方的各类成本	根据不同岗位，不同运营模式收取服务费	《中华人民共和国劳动合同法》2013版《劳务派遣暂行规定》1. 派遣资格 2. 派遣三性 3. 违反处罚 4. 派遣比例 5. 同工同酬 6. 真派遣假外包	• 全程派遣（一条龙）• 转接派遣（招人除外）• 减员派遣（关系转换）• 试用派遣（延长试用）• 项目派遣（一定任务）	• 一定比例 • 非核心员工 • 临时用工 • 辅助性用工	1. 解决国有企业和事业机关单位的人员编制问题 2. 解决企业劳动关系及用人风险的转移问题
评分	★★★☆	★★★★☆	★★★☆☆	★★★★★	★★★☆☆	★★★★★

五、派遣用工与企业用工互转涉及的问题处理

许多公司经常出现派遣用工与企业用工互转的情形，人们喜欢称其为"转正了"，也就是派遣员工正式进入企业编制了。在转编制的过程中，HR 需要注意如图 4-23 所示的几个问题。

图 4-23 派遣用工与企业用工转换过程中应注意的问题

从表面上看，转编制是指劳动关系主体的转变，其实主体并没有改变。一名员工在同一家单位工作了双份的时间，不少企业想通过劳务派遣规避自己应尽的某些责任，也就是业内常说的逆向派遣（即员工与原单位结束关系后，与原单位指定的派遣单位订立劳动关系，再由派遣单位派遣回本单位）。所以，相关法规对此行为有比较明确的规定：用工单位不能通过劳务派遣的方式规避企业应尽的责任，如图 4-23 中提到的司龄承接及无固定期限劳动合同的认定。

六、企业使用派遣用工差异化及风险提示

在理解了派遣用工的基本逻辑以后，HR 应了解派遣用工与标准全日制用工的差异及其存在的风险点。

1. 劳务派遣的退回情形

当企业不想再使用某位员工时，企业对正式员工和派遣工的处理方式是截然不同的。正式员工面临的是解除或终止合同，派遣工面临的则是被退回，由派遣员工和派遣单位决定是解除劳动关系还是终止合同。

2.《中华人民共和国劳动合同法》中的退回情形

（1）在试用期间被证明不符合录用条件的；

（2）严重违反用工单位规章制度的；

（3）严重失职，给用工单位造成重大损害的；

（4）营私舞弊，给用工单位造成重大损害的；

（5）被派遣劳动者同时与其他用人单位建立劳动关系，对完成本用工单位的工作任务造成严重影响，或者经用工单位或劳务派遣单位提出，拒不改正的；

（6）因被派遣劳动者以欺诈手段使劳务派遣单位在违背真实意思的情况下订立或者变更劳动合同，致使劳动合同无效的，或者是被派遣劳动者以欺诈手段使用工单位在违背真实意思的情况下与其建立用工关系的；

（7）因被派遣劳动者以胁迫的手段使劳务派遣单位与其订立或变更劳动合同，致使劳动合同无效的，或者是被派遣劳动者以胁迫的手段使用工单位与其建立用工关系的；

（8）因被派遣劳动者乘人之危，使劳务派遣单位在违背真实意思的情况下订立或者变更劳动合同，致使劳动合同无效的，或者是被派遣劳动者乘人之危，使用工单位在违背真实意思的情况下与其建立用工关系的；

（9）被依法追究刑事责任的；

（10）被派遣劳动者患病或非因工负伤，在规定的医疗期满后不能从事原工作，也不能从事由用工单位另行安排的工作的；

（11）被派遣劳动者不能胜任工作，经过培训或调整工作岗位，仍不能胜任工作的。

3.《劳务派遣暂行规定》中的退回情形

（1）劳务派遣用工关系建立时所依据的客观情况发生重大变化，致使劳务派遣用工无法履行，用工单位提出退回的；

（2）用工单位依照《中华人民共和国企业破产法》的规定进行重整，需退回派遣人员的；

（3）用工单位生产经营发生严重困难，需退回派遣人员的；

（4）用工单位转产、重大技术革新或经营方式调整，需退回派遣人员的；

（5）其他因劳务派遣用工关系建立时所依据的客观经济情况发生重大变化，致使无法继续劳务派遣用工，用工单位需退回的；

（6）用工单位被依法宣告破产的；

（7）用工单位被吊销营业执照的；

（8）用工单位被责令关闭的；

（9）用工单位被撤销的；

（10）用工单位决定提前解散的；

（11）用工单位经营期限届满不再继续经营的；

（12）劳务派遣协议期满终止的。

4. 违法用工的责任认定

劳务派遣会涉及三方的问题，违法用工可以分成派遣单位违法用工和用工单位违法用工两类。

（1）派遣单位违法用工

派遣单位和派遣工形成直接的劳动关系，所以在派遣单位违法用工的过程中，派遣单位应承担直接或主要责任。由于派遣单位的劳动关系管理不同于常规企业的劳动关系管理，所以常见的派遣单位违法用工的情形包括拖欠工资、未按时足额缴纳社保公积金、违法解除或终止协议等。在这个过程中由于用工单位和派遣单位存在合作关系，派遣工的费用和退回情形与用工单位有关，于是派遣单位违法用工，由用工单位承担连带责任。

（2）用工单位违法用工

由于在三方的派遣关系中存在两个主体，所以除了派遣单位可能存在违法用工行为外，用工单位也可能存在违法用工行为。常见的用工单位违法用工情形包括未提供劳动保护、违法退回等。在此过程中，由于派遣单位和用工单位存在合作关系，派遣工又和派遣单位存在劳动关系，派遣单位应当保障派遣工的基本劳动权益，所以当出现用工单位违法用工的情形时，用工单位需要承担直接或主要责任，派遣单位则视情形承担连带责任。

5. 派遣工的管理分界

在整个劳动关系管理中，派遣单位和用工单位是相互独立且被分开的。派遣单位与派遣工形成劳动关系，主要负责管理派遣工的入离职、社保公积金、工资报酬、个税缴纳、解除终止、代办事项等。用工单位主要负责管理派遣工的调岗调薪、假期管理、工作时间、考勤管理、规章制度管理、劳动保护、退回申请等。这些管理分界可以由派遣单位和用工单位自行约定，但不变的是关系的认定和归属。所以，采用劳务派遣形式的用工单位，在管理分界的问题上，需要进行一些深入的思考。

以工伤为例，派遣工的工伤保险由派遣单位交，而工伤出现在用工单位。在这种情况下，工伤认定会落在派遣单位的身上，而协助派遣单位提供证据材料就是用工单位的责任。工伤产生的一系列费用往往需要双方在派遣合作协议中约定，毕竟在默认的前提下，工伤费用主要由派遣单位承担。

七、派遣用工中的薪酬发放和涉税处理

根据财税［2016］47号文件的相关规定：一般纳税人和小规模纳税人提供劳务派遣服务可以选择差额纳税；选择差额纳税的纳税人，向用工单位收取用于支付给劳务遣员工工资、福利和为其办理社会保险及住房公积金的费用，不得开具增值税专用发票，可以开具普通发票。

在派遣过程中，基于三方关系产生的费用主要包括：派遣公司支付给派遣工的工资薪金，缴纳的社会保险和公积金。这些费用都由企业先支付给派遣公司，同时企业需要向派遣公司支付服务费。根据上文规定，工资、福利、社保、公积金等相关费用无法进行增值税抵扣。服务费则可以开具增值税专用发票进行抵扣，派遣工的收入直接按工资薪金所得缴纳个人所得税。劳务派遣中的薪酬发放与涉税处理相对比较清晰、简单（如图4-24所示）。

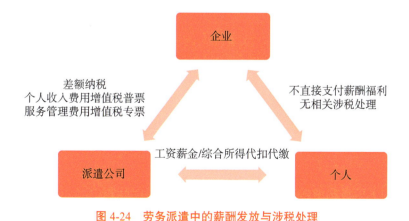

图4-24　劳务派遣中的薪酬发放与涉税处理

八、与派遣用工有关的法律规定

企业实施劳务派遣时主要依据《中华人民共和国劳动合同法》《劳务派遣暂行规定》（如图 4-25 所示）。在实践过程中，劳务派遣主要存在以下优劣势。

中华人民共和国劳动合同法

劳务派遣暂行规定

图 4-25　与派遣用工有关的法律规定

1. 劳务派遣的优势

（1）企业用工不用人，或者说人的所有权和使用权分离，劳务派遣可以在一定程度上降低企业用工的入离职风险。

（2）劳务派遣可以调整劳动用工的高峰波谷，缓解招人难或人员空缺的问题。

（3）派遣属于一种比较灵活的用工形式。

（4）劳务派遣解决了一些单位中编制不够的问题。

2. 劳务派遣的劣势

（1）派遣人数和岗位有限制。

（2）劳务派遣的人员素质较难把控。

（3）司法实践中对用工单位与派遣单位的连带责任界定不明晰。

（4）合规劳务派遣需要承担一定的成本费用。

（5）对劳务派遣公司的监督管理难度较大。

九、签订派遣协议时应注意的事项

劳务派遣的相关协议主要包括用工单位与派遣单位签订的派遣合作协议以及派遣单位与派遣工签订的劳动合同。本节中我们引用的范本为用工单位与派遣单位签订的派遣合作协议。那么，派遣合作协议中是否也存在和劳动合同一样的必备条款呢？

《劳务派遣暂行规定》第七条中有 13 项应当被载入劳务派遣协议的内容：

（一）派遣的工作岗位名称和岗位性质；

（二）工作地点；

（三）派遣人员数量和派遣期限；

（四）按照同工同酬原则确定的劳动报酬数额和支付方式；

（五）社会保险费的数额和支付方式；

（六）工作时间和休息休假事项；

（七）被派遣劳动者工伤、生育或者患病期间的相关待遇；

（八）劳动安全卫生及培训事项；

（九）经济补偿等费用；

（十）劳务派遣协议期限；

（十一）劳务派遣服务费的支付方式和标准；

（十二）违反劳务派遣协议的责任；

（十三）法律、法规、规章规定应当纳入劳务派遣协议的其他事项。

以下是用工单位与派遣单位签订的劳务派遣协议书范本，供读者参考。

劳务派遣协议书

甲方（用工单位）：

法定代表人：

地址：

电话：　　　　　　　　　　传真：

乙方（派遣单位）：

法定代表人：

地址：

电话：　　　　　　　　　　传真：

甲乙双方根据《中华人民共和国劳动合同法》《中华人民共和国合同

法》等相关法规，本着平等互利的原则，经过友好协商，就乙方向甲方派遣人员事宜达成如下协议。

第一章　派遣与费用

第一条　派遣系乙方按照本协议约定，将与乙方建立劳动关系的人员（下称派遣人员）派往甲方从事劳务的行为。

第二条　乙方根据甲方需求，派遣____人到甲方从事____工作。

第三条　派遣人员的工作地点、工作内容、工作岗位等由甲方根据工作需要确定。

第四条　甲方支付给乙方的劳务费

（一）派遣人员的劳动报酬。

（二）派遣人员的养老、失业、医疗、工伤社会保险费用（自派遣之日起由乙方办理养老保险、失业保险、医疗保险、工伤保险等社会保险）。

（三）劳务管理费。

第五条　根据派遣人员的数量，甲方每月向乙方支付劳务费____元（其中派遣人员的劳务报酬、各项社会保险费、劳务管理费按每人____元／月的标准支付）。

第二章　甲方的责任、义务与权利

第六条　甲方承担的责任与义务

（一）尊重派遣人员的民族习惯，维护派遣人员的合法权益。

（二）为乙方派往现场的工作人员提供必要的办公场所，并协助乙方工作人员做好各项服务工作。

（三）严格执行《中华人民共和国劳动合同法》的相关规定，甲方制定（执行）的安全生产、行为规范、考核办法等管理规章制度应向派遣人员公开，并送乙方备案，以便双方共同监督执行。

（四）派遣人员在甲方工作期间由于工伤事故造成伤、残、亡等，甲方应积极采取抢救措施，并及时将事故情况通报给乙方，甲乙双方共同处理派遣人员的工伤事故。所发生费用由保险公司承担，工伤保险以外的所有费用由甲方承担。

（五）甲方应于乙方派遣人员试用期满前五个工作日，以书面形式将派遣人员试工情况通知乙方（逾期视为合格），以便乙方办理相关手续。

（六）及时将派遣人员的工作、培训、考核等情况以书面形式反馈给乙方，协助乙方做好派遣人员的管理工作。

（七）对试用期满后，经实践证明不能胜任甲方工作的派遣人员，甲方可安排其进行必要的技能培训，若经培训仍不能胜任工作的，甲方可将派遣人员退回乙方，但应提前五个工作日以书面形式通知乙方及派遣人员，并按照规定支付工作期间的劳务报酬、保险及乙方与派遣人员解除劳动合同依法支付的补偿金等费用。

（八）在向乙方按时支付劳务费的前提下，甲方对因乙方原因造成的派遣人员劳务报酬、社会保险延误等问题不承担任何责任。

（九）甲方按时支付派遣人员足额加班费、绩效奖金，提供与工作岗位相关的福利待遇，代扣个人所得税。

（十）甲方不得将派遣人员再派到其他用工单位，连续用工的甲方单位应实行正常的工资调整机制。

（十一）甲方应保证派遣人员依法参加工会的权利。

（十二）甲方对劳务派遣人员实行每天八小时工作制，甲方因生产进度需要派遣人员加班的应按国家有关规定给予调休。

第七条　甲方享有的权利

（一）甲方可对派遣人员规定试用期＿＿＿天，并有权终止不符合条件人员的试用期，但应按照规定支付派遣人员在试用期间的劳动报酬。

（二）甲方拥有批评、教育、处罚及奖励派遣人员的权利。乙方派遣人员有下列情况之一的，甲方有权直接退返乙方，但应提前五个工作日以书面形式通知乙方。涉及经济处罚或经济赔偿等以下问题时，应按照甲乙双方的相关规定进行处理。

具体情况如下：

1. 严重违反劳动纪律和规章制度的；

2. 严重失职，给甲方造成＿＿＿元以上损失的；

3. 被依法追究刑事责任的；

4. 试用期内不符合甲方录用条件的；

5. 不能胜任工作或连续＿＿＿次考核为不合格。

第三章　乙方的责任、义务与权利

第八条　乙方承担的责任与义务

（一）根据甲方的要求推荐人选，并与甲方审核合格的人员签订劳动合同。

劳动合同分为三种类型：三个月以上不满一年的劳动合同（试用期不超过 30 天），一年以上不满三年的劳动合同（试用期不超过 60 天），三年以上的劳动合同（试用期不超过半年）。

（二）负责对派遣人员进行基础培训，主要包括劳动法规和职业道德培训、安全防护和遵章守纪培训，以及职业技能培训等。

（三）乙方应当与派遣人员订立两年以上的固定期限劳动合同，同时规定乙方在派遣人员无工作期间，即在劳动合同期限之内、派遣期限未满、没有新的用工单位时，应向派遣人员按照乙方所在地人民政府规定的最低工资标准按月支付报酬。

（四）按月、按时、足额支付派遣人员的劳动报酬。

（五）严格贯彻执行《中华人民共和国劳动合同法》及用工单位的安全管理相关规定，加强对派遣人员的安全教育管理。

（六）依法为派遣人员办理养老、失业、医疗和工伤等社会保险手续并按时缴纳保险费用；为新签及终止、解除劳动合同的派遣人员及时办理社会保险关系转移等事宜。

（七）定期安排派遣人员到指定医院体检，项目包括肝功能、心电图、内科、外科及耳、鼻、喉、眼科检查（招工体检费用由派遣人员自行承担）。

（八）根据甲方工作需要，安排管理人员到甲方现场办公，做好服务工作。

（九）教育派遣人员严格遵守甲方的规章制度，优质、高效地完成工作。

（十）为派遣人员提供良好的工作环境和工作条件。

（十一）按照《中华人民共和国劳动合同法》有关工伤事故处理的规定，组织派遣人员处理工伤事故。乙方依照人员管理权限及事故处理程序进行事故申报与处理，发生的所有费用由甲方负责。

（十二）由于派遣人员违反服务期的约定（如保守商业秘密）故意或无意造成重大损失的，经甲乙双方认定或相关机构认定后，由责任人员负责赔偿，乙方应配合甲方进行追偿。

（十三）乙方根据甲方需要，可对劳务人员进行岗前培训，取得岗前培训合格证者方可到甲方工作。

第九条　乙方享有的权利

（一）乙方有权对甲方违反本协议有关条款或侵害乙方和派遣人员合法权益的行为提出书面意见及索赔要求。甲方应在收到乙方意见后的 10 个工作日内，以书面形式回复乙方。

（二）若甲方违反《中华人民共和国劳动合同法》及本协议的约定擅

自解除本协议，乙方有权提出经济赔偿的要求，甲方应按照《中华人民共和国劳动合同法》的相关规定及标准向乙方支付补偿金。

第四章　费用及结算

第十条　甲方须于每月＿＿日前向乙方提供派遣人员上月考勤情况，于每月＿＿日前以支票形式将上月劳务费支付给乙方（如遇到休息日或法定节假日可以适当顺延但最长不能超过五日）。

第十一条　乙方收到甲方支付的费用后，须向甲方开具正式发票，并按时向派遣人员支付劳动报酬，按时为派遣人员缴纳各项社会保险。

第十二条　如遇特殊情况，甲方不能按时支付劳务费用，应提前以书面形式通知乙方，并向乙方说明原因。

第十三条　甲方不按协议规定的付款方式拨付劳务费用时，乙方可向甲方发出付款要求通知，甲方在收到乙方通知30日内仍不能按要求支付时，甲方应承担从拖欠之日起的违约责任，如超过60日仍未能支付的，乙方可单方面解除本协议，并向甲方追索所欠费用。

第十四条　加班费的计算及发放按照《中华人民共和国劳动合同法》及甲方现行规定执行。

第五章　协议终止

第十五条　本协议的终止前提：

（一）本协议期满；

（二）发生不可抗力（如自然伤害等）致使本协议无法履行；

（三）协议任何一方宣布破产、依法解散、关闭或撤销；

（四）协议任何一方严重违反本协议；

（五）协议任何一方发生本章上述第（二）、第（三）、第（四）条的情况时，应向另一方发出书面通知，经对方书面确认后 30 日内解除本协议；

（六）法律法规规定的其他情形；

（七）因违约致协议终止的赔偿问题，按照《中华人民共和国劳动合同法》的规定及本协议的有关约定执行。

第六章　争议处理

第十六条　甲乙双方在本协议的执行过程中发生争议时，应本着协商的原则解决，协商不成时可采取诉讼的方式解决。

第十七条　针对本协议未尽事宜，如国家有明确规定，甲乙双方应按国家规定执行；如国家无明确规定，可由甲乙双方协商解决或另行约定。

第十八条　本协议在履行过程中，如因颁布新的《中华人民共和国劳动合同法》造成本协议条款必须进行修订时，应以新的法规为准，并由甲乙双方协商修订。

第十九条　甲乙双方中任何一方不认真履行协议造成损失时应由责任方承担全部赔偿责任。

第二十条　本协议的有效期自＿＿＿＿年＿月＿日起至＿＿＿年＿月＿日止。如协议任何一方意欲延长本协议的期限，则应在本协议期满前

30 日内，以书面形式通知另一方，并经甲乙双方协商一致后，重新签订书面协议。

第二十一条 本协议一式六份。甲乙双方各持正本一份、副本两份，副本分送甲乙双方财务部门、合同管理部门一份备案。

第二十二条 双方约定的其他事项：＿＿＿＿＿＿＿＿＿＿＿＿＿＿＿

＿＿＿＿＿＿＿＿＿＿＿＿＿＿＿＿＿＿＿＿＿＿＿＿＿＿＿＿＿＿＿＿

＿＿＿＿＿＿＿＿＿＿＿＿＿＿＿＿＿＿＿＿＿＿＿＿＿＿＿＿＿＿＿＿

甲方：　　　　　　　　　　　　　　乙方：

代表签章：　　　　　　　　　　　　代表签章：

＿＿＿年＿＿月＿＿日　　　　　　　＿＿＿年＿＿月＿＿日

相对其他协议来说，派遣单位和用工单位签订的劳务派遣协议无论从内容上还是整体逻辑上都略显复杂。在整个劳务派遣协议中，除了要关注上述条款外，双方要留意约定的重要内容，例如，双方关于费用的组成、结算、开票的约定，以及对于工伤费用赔付的分担等。

第六节　三方用人关系——"外包"

三方：我们可以给企业提供人力资源外包服务，现在签约，不仅可以打五折，还能多送一个月的服务。

HR：我不太理解外包和派遣的区别在哪里？

三方：派遣指的是员工的劳动关系在我们这里，他们来你们这里上班接受你们的管理。外包就是把劳动关系和管理权都放在我们这边，只是人来你们这里上班，你看行不行？

HR：如果是外包的话，税率和服务费就不一样了？

三方：确实是不一样的。

一、何谓"真派遣，假外包"

法律并没有明确规定派遣和外包的区别，在实践过程中，HR区分派遣和外包的方法之一是：第三方人力资源公司"包工不包料"的是派遣；"包工又包料"的是外包。除此之外，外包也可以做到"包料不包工"，也就是说人力资源业务的部分流程外包，如代发工资、代缴社保、招聘外包等。相比之下，劳务派遣的形式比较固定，且受《劳务派遣暂行规定》和《中华人民共和国劳动合同法》的多重管理，其在业务模式的开发上有一定的局限性。

笔者在甄别派遣和外包时主要参考两点。第一点是员工的劳动关系在哪里。在劳务派遣中，劳动关系只可能属于派遣单位；而在外包时员工的劳动关系既可能属于人力资源机构，也可能属于企业。所以，当员工的劳动关系在企业的时候，必然不可能是派遣。第二点是人力资源机构提供哪些服务。在劳务派遣中，即使双方可以约定服务内容，也有较大的局限性，如工资、社保公积金等费用必然要由派遣单位提供，最重要的是，日常用工管理服务是由企业负责的。相比之下，外包提供的服务就更加宽泛和自由。所以，当确定员工的劳动关系属于派遣单位，而日常用工管理由企业负责时，基本可以断定此种形式为劳务派遣。

二、外包的种类

从不同角度看，外包可以分为如图 4-26 所示的不同种类。

- 整体：劳务外包/岗位外包
- 局部：招聘外包/培训外包等

从框架看

- 招聘外包、培训外包、薪酬外包、流程外包、关系外包

从模块看

从用户看

- B端（企业+人力资源行业）

从关系看

- 企业+第三方

图 4-26 外包的形式和种类

1. 招聘外包

招聘外包是企业与第三方人力资源公司之间常见的外包服务形式之

一，主要分为校园招聘外包、社会招聘外包（简称 RPO）、高端岗位招聘外包（简称猎头）三种。招聘的收费形式主要以面试或到岗入职的人头费为主。常见的招聘外包还会提供一定时间段的增值服务，如员工入职后，若于一个月内离职，负责免费重新招聘。

招聘外包的本质是将人力资源工作流程中的招聘模块交给第三方人力资源公司，属于典型的流程外包。在这种外包模式下，员工的劳动关系依然在企业中，除招聘外的人力资源工作依然由企业负责。

2. 薪酬外包（代发工资）

代发工资也是企业和第三方人力资源公司之间常见的外包服务形式之一，主要分为代发员工部分工资和代发员工全部工资。盈利模式主要是收取代发工资的服务费，服务费金额根据代发工资的比例或员工的数量确定，每个月发放 100 万元工资收取 3% 的服务费或 50 元 / 人 / 月。

与招聘外包相同，代发工资的本质也是企业将人力资源工作流程中的薪酬模块交给第三方人力资源公司，属于典型的流程外包。同样，员工的劳动关系依然在企业中，除工资发放以外的人力资源工作均由企业负责。

3. 社保代理（大小库）

社保代理是很多 HR 最熟悉的外包业务，但事实上很多 HR 并不完全了解社保代理中的运营模式。社保代理分为社保大库代理和社保小库代理。不同的库，对应的代理外包模式有着天壤之别。

所谓大库，指的是员工需要将社保放入第三方人力资源公司的账户，至于具体放入哪个账户，由人力资源公司确定。这就意味着员工的劳动关系所在之处和社保缴纳单位是不一样的，员工在申报工伤、医疗、生育等方面的保险时也许会遇到障碍，甚至无法正常享受社保待遇。既然这样，为什么很多企业依然会选择使用大库呢？因为有些企业希望通过大库来降低社保缴费基数。

所谓小库，指的是人力资源公司根据企业要求，建立企业自己的社保缴纳账户，并将员工的社保纳入企业的账户中。在这种模式下，员工的劳动关系所在之处和社保缴纳单位一致，人力资源公司仅负责代开户、代缴纳的工作。

从 2020 年开始，北京地区已经出台了《关于进一步促进依法诚信经营劳务派遣业务有关问题的通知》和《有关第三方劳务派遣 / 劳务外包机构人员增员中的操作提醒》相关文件来控制社保代理中的"大库模式"。因为从某种程度上说，大库模式只是企业受益，个人和国家社保基金都会受到损害，这种行为并不合规。从表面上看，这两个文件的标题指向的是派遣，实际上针对的正是"大库模式"。随着北京对这类模式的严格控制，未来全国各地也将会跟随复制，预计"大库模式"将会退出历史舞台。

4. 业务外包

业务外包是指企业将自身非主营业务交给其他个人或主体完成的形

式。《中华人民共和国合同法》对发包方、承包人等在不同行业、不同场景都进行了具体规定，形成了 B2B 或 B2C 的关系。

不同于个人承揽，常规的业务外包在承包方承包后，可能由于项目需要或专业性问题，还会进行分包、转包或雇佣，即产生 B2B2B、B2B2C 或 B2C2C 的间接用工管理模式。需要 HR 注意的是，不具备用工主体资格的组织或自然人在承包过程中招用的劳动者因工伤亡的，受害人享受工伤保险待遇，受害人与承担工伤保险责任的主体之间不具有劳动关系。

《人力资源社会保障部关于执行〈工伤保险条例〉若干问题的意见》（人社部发〔2013〕34 号）第七条规定，具备用工主体资格的承包单位违反法律法规规定，将承包业务转包、分包给不具备用工主体资格的组织或自然人，该组织或自然人招用的劳动者从事承包业务时因工伤亡的，由该具备用工主体资格的承包单位承担用人单位依法应承担的工伤保险责任。

《全国民事审判工作会议纪要》（2015）中第六十二条规定，对于发包人将建设工程发包给承包人，承包人又转包或分包给实际施工人，实际施工人招用的劳动者请求确认与发包人之间存在劳动关系的，人民法院不予支持。

在人力资源外包模式中，并非所有的业务模式都是合法合规或者说可以长久运用的。例如，社保大库代理，甚至代发工资在社保归税务征收后也不是个长久的业务。有些业务看似合法合规，但并不合情合理，如业务外包这种模式其实是和人力资源外包服务的模式有所冲突的，人力资源外包服务的对象和基础是"人"，而业务外包的对象和基础是"事"，这就会导致在很多方面如税收上产生较大的差异。

三、劳务外包和人力资源外包是一回事吗

答案显然是否。前文中提到劳务外包更多的是对于"事"的外包，不同行业的"事"对增值税的税率是有很大影响的。同时，提供劳务外包的部分行业还要求企业必须具备经营资格，否则属于非法承包。

人力资源外包是基于"人"的服务的外包，而服务对应的行业增值税税率是 6%，且人力资源机构拥有人力资源服务许可的经营范围，在合法性方面没有障碍。

两者在本质上有明显的不同（如图 4-27 所示）。HR 在区分不同外包形式的时候，应重点关注这个外包形式究竟是针对行业的"事"还是"人"的服务。

图 4-27　劳务外包与人力资源外包的区别

四、签订外包协议时应注意的事项

下面是人力资源服务外包合同范本，供读者参考。

人力资源服务外包合同

甲方：××××（以下简称"甲方"）

乙方：××××人力资源公司（以下简称"乙方"）

根据《中华人民共和国合同法》等有关法律法规的规定，甲乙双方本着平等互利的原则，经友好协商，就甲方委托乙方进行人事管理等事宜，并将相关事宜整体外包给乙方，甲乙双方达成本人力资源服务外包合同（以下简称"本合同"）。

第一章　总则

第一条　适用

有关甲方委托乙方提供人事管理等事宜均适用本合同。

第二条　适用法律

本合同及与本合同有关的一切事宜，一律适用中华人民共和国的法律法规。

第三条　定义

3.1 附件：本合同中的"附件"指甲乙双方另行签订的所有关于本合同的补充协议或相关约定等；附件是本合同不可分割的组成部分，与本合同具有同等法律效力。本合同另有约定的除外。

3.2 人力资源外包服务：本合同中的"人力资源外包服务"指甲乙双方在本合同的附件中约定的由甲方选择并由乙方提供的人事管理，以及与前述人事管理相联系的服务。本合同另有约定的除外。

3.3 外包服务费：本合同中的"外包服务费"指甲方因委托乙方提供人力资源外包服务而应支付给乙方的各种费用的总和。本合同另有约定的除外。

3.4 员工：本合同中的"员工"特指由甲方根据本合同的约定，委托乙方提供人力资源外包服务的甲方员工。员工与甲方存在劳动合同关系，并依法订立劳动合同。

第二章 权利和义务

第四条 甲方享有的权利

甲方有权要求乙方及时提供双方约定的人力资源外包服务。

第五条 乙方享有的权利

乙方有权根据本合同和附件的约定，按月向甲方收取委托管理费。

第六条 甲方履行的义务

6.1 甲方应根据本合同和附件的约定，按月向乙方足额支付委托管理费。

6.2 甲方应于每月十日前以书面形式通知乙方委托人员当月增减变动情况。由于通知滞后造成的员工社会保险和住房公积金多缴纳的费用，应由甲方支付，由于通知滞后未能及时办理员工社会保险和住房公积金等引起的员工损失应由甲方承担。

第七条　乙方履行的义务

7.1 乙方应根据本合同和附件的约定，向甲方提供各类约定的人力资源外包服务。

7.2 乙方应根据甲方提供的人员增减变动信息，在政府规定的办理期限内提供服务。

第八条　甲乙双方共同享有的权利和共同履行的义务

8.1 本合同以及与之相关的一切文件，包括但不限于合同的草稿、附件、报价、往来传真信函等，均为双方之商业秘密，未经对方同意，甲乙双方均不得以任何形式向第三方泄露，否则泄露方应承担相应的违约责任和经济赔偿责任。

8.2 甲乙双方有权对另一方违反本合同的行为提出整改意见和要求，另一方有义务赔偿由于其违约而给对方造成的损失。

8.3 甲方或乙方若搬迁办公地址，应提前十五日以书面形式通知对方。如因未及时通知而造成对方损失的，搬迁方应承担相应的经济赔偿责任。

第三章　人力资源外包服务项目

第九条　服务项目选择

乙方提供的人力资源外包服务项目如下所列，具体以甲方在附件中的选择为准。

9.1 代办员工入职和离职手续

应甲方要求及甲方提供给乙方的每月入、离职员工的书面通知，在手续齐全的前提下，乙方负责在一个月内办理员工的入职和离职手续。

9.2 代保管人事档案

按照用工手续，甲方将员工的人事档案调入乙方，并根据人事档案保管规定，做好保管和转移工作，档案保管费由甲方承担。调档过程中不应由乙方承担的费用（包括但不限于甲方员工与原档案所在单位的有关欠费及招用工过程中产生的额外费用）由甲方或其员工支付。

9.3 代缴纳社会保险费及开户

按照所在地劳动和社会保障局的规定，乙方代为甲方员工缴纳当月社会保险费，并建立个人账户。缴纳费用由甲方支付。

9.4 代缴纳住房公积金及开户

按照所在地住房公积金管理中心的规定，乙方代为甲方员工缴纳当月住房公积金，并建立个人账户。缴纳费用由甲方支付。

9.5 代办各类补充福利及商业保险业务

根据甲方的委托要求，乙方为甲方员工代办人身意外险、补充医疗险等保险业务及各类补充福利。相应费用由甲方支付。

9.6 代缴残疾人就业保障金

按照所在地政策规定，乙方为甲方代缴残疾人就业保障金。

9.7 协助办理出国（境）及各类身份的证明和行政关系

根据所在地公安局出入境管理处的规定，乙方为甲方员工在办理出国（境）护照时提供相关证明，为甲方员工办理婚姻、公证等各种行政关系证明。

9.8 代办职称评定

乙方根据规定为符合条件的甲方员工申报评定专业技术职称，费用另计。

9.9 代办集体户口挂靠和党组织关系挂靠

乙方根据所在地户口管理的规定，为甲方员工办理户口挂靠，挂靠费用由甲方或甲方员工支付。甲方员工中如有党员，其党组织关系可挂靠在乙方，甲方应当支持并鼓励员工参加党组织活动，党员必须按时缴纳党费，否则乙方党组织有权按党章处理。

9.10 代办薪酬发放

乙方为甲方代算员工薪酬，代办工资卡，代扣代缴个人所得税。

9.11 代办其他事项

1. 如有政府开征的其他项目，乙方应当为甲方提供相关政策文件，乙方代为缴纳的，缴纳费用由甲方支付。

2. 甲方其他需要委托乙方代办的事项。

第四章　费用及结算

第十条　外包服务费的确定

10.1 根据甲方选择的人力资源外包服务项目，双方协商确定外包服务费，并于本合同附件中明确标注，每月 20 日前以乙方的《付款通知书》作为当月委托管理费的结算依据。

10.2 外包服务费可以人民币或等值于人民币的外币报价结算。汇率以中国人民银行当日公布的汇率的中间价为准。

10.3 甲乙双方应根据政府相关规定，每年及时调整社会保险费用和住房公积金费用，并根据政策随时调整其他必需的项目。

第十一条　外包服务费的支付

每月 25 日前，甲方应根据乙方出具的当月付款明细规定的金额向乙方支付当月的外包服务费，支付时间最晚不得晚于当月最后一个工作日，乙方账户信息如下：

开户银行：

开户名：

账号：

地址：

电话：

传真：

第五章　违约责任

第十二条　一般违约责任

本合同的任何一方违反本合同的约定，都应承担由此给对方造成的经济损失。

第十三条　费用迟延支付的违约责任

甲方未按本合同第四章的规定按时支付外包服务费的，除应足额支付外，还应自应付款之日起，至实际支付之日止，付给乙方按每日应付款金额5‰计算的滞纳金。同时，因甲方未按约定支付管理费，造成甲方员工的社会保险费未能按时缴纳的，甲方应承担补缴罚款或罚息，乙方在甲方未按时支付管理费的情况下，可以立即停止本合同项下向甲方提供的所有服务，直至甲方付清拖欠的款项。

第十四条　标准执行责任

甲方委托乙方代为员工缴纳的五险一金，若低于法律标准，导致员工通过仲裁、诉讼等方式主张权益的，或导致相关执法部门做出相应处罚或改正要求的，由此产生的所有费用和违规责任由甲方承担。

甲方委托乙方代为员工缴纳的工伤保险，在乙方员工出现工伤后，甲方应当承担法律上的用人单位责任，任何裁决或处罚通知导致乙方代为承担的，甲方应当等额补偿给乙方。

甲方应当在乙方限定期限内支付上述费用，若有逾期，甲方还应当付给乙方按照每天应付金额5‰计算的违约金。

第十五条　违反保密条款的违约责任

任何一方违反本合同第八条中8.1的约定，未违约方可根据违约方的违约情节自行确定违约方的违约责任，但最少不得低于甲方根据本合同和附件的约定应向乙方支付的当月所有委托管理费之和。支付期限由未违约方确定。

第十六条　违约后的合同解除

本合同中的任何一方违反本合同的约定超过三十日仍未改正的，另一方有权立即以书面形式通知对方解除本合同，本合同自书面通知发出之日起解除。

第六章　附则

第十七条　未创设第三方权力

本合同之任何条款并未被用于或被解释为向第三方提供或创设任何使该第三方得到受益的权利。

第十八条　本合同的未尽事宜

在本合同的履行过程中如发现本合同有未尽事宜，甲乙双方可按照相关法律法规另行订立补充约定。

第十九条　争议的解决

对于在履行本合同过程中发生的任何争议，均应由甲乙双方友好协商解决；协商不成的，可提交原告所在地人民法院起诉。

第二十条　合同的生效

本合同自＿＿＿＿年＿＿月＿＿日起生效，有效期为＿＿＿＿年。

第二十一条　合同的变更

在本合同有效期内，除本合同约定外，任何一方要变更本合同，需提前三十日以书面形式通知对方；三十日内，双方应就变更条款达成一致；如逾期双方仍不能达成一致的，本合同原条款继续有效，双方必须继续履行。

第二十二条　合同的终止和顺延

22.1 本合同期满时，双方如无异议，本合同即可自行顺延一年，顺延期满时双方若无异议，则本合同期限再次自动顺延一年。依此类推。

22.2 本合同到期（即每次顺延到期），任何一方不愿意续签的，应在合同到期前三十日内以书面形式通知另一方，否则本合同继续生效。

22.3 本合同一旦解除或终止，本合同的附件也随之解除和终止。

第二十三条　其他

本合同一式两份，双方各持一份，并具有同等效力。本合同由中文书就。

甲方盖章：　　　　　　　　　乙方盖章：

甲方法定代表人或授权委托人：

乙方法定代表人或授权委托人：

签订时间：　　　　　　　　　签订时间：

签订地点：　　　　　　　　　签订地点：

不同于劳务派遣协议的是，外包合同除了遵循《民法典》中的普适性规则外，不受其他法律规定的制约，但外包合同的内容往往比劳务派遣协议更为复杂，除了劳务派遣协议中关于常见内容的约定外，HR 还要仔细区分外包类型，甄别是否存在"真派遣，假外包"的情形。

五、外包用工的薪酬发放与涉税处理

社保归税务征收后，HR 一定要懂点财务知识。对 HR 来说，学习财务知识可以从场景入手。以代发工资为例，根据支付逻辑，企业给第三方人力资源公司支付的是工资费用＋服务费。同样，根据财税〔2016〕47 号的相关规定，工资部分只能开具增值税普通发票，服务费可以开具增值税专用发票，也就是差额纳税；员工的收入则按照工资薪金所得缴纳个人所得税。

我们再来看两个场景。

图 4-28 所示的这个场景以业务外包为例，由于在业务外包的过程中，人力资源机构承包的是整个"事"，而不存在对企业员工费用上的服务，所以不符合财税〔2016〕47 号的相关规定，可以将企业支付给人力资源机构的所有费用全额开具增值税专用发票。也许有 HR 会问，人力资源机构不需要给机构员工发放工资、社保公积金吗？需要，但实际支付的未必是工资，缴纳的个税未必按工资薪金所得计算。

以招聘外包为例（如图 4-29 所示），由于招聘外包的过程中不涉及工资、福利支付、社保缴纳等内容，所以招聘外包产生的、企业支付给第三方人力资源公司的所有费用都可以直接开具增值税发票，也就是我们常说的全额纳税。企业发给员工的收入如果是工资，就按照工资薪金所得计算。

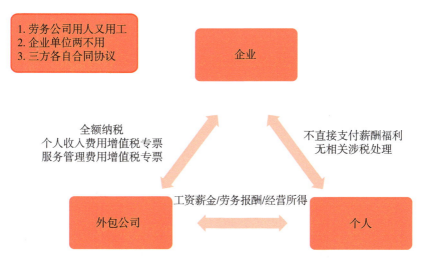

图 4-28　业务外包场景中的薪酬发放与涉税处理

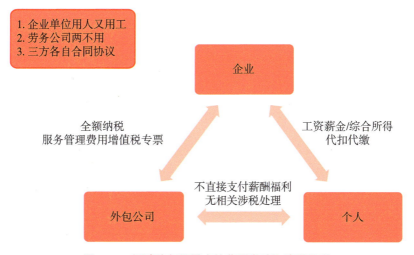

图 4-29　招聘外包场景中的薪酬发放和涉税处理

六、与外包用工有关的法律规定

HR 在外包用工中应当熟悉如图 4-30 所示的相关法律规定。

图 4-30 与外包用工相关的法律规定

在外包用工的过程中，除了需要遵守基本劳动法律及税收法律规定以外，HR 要注意以下三个原则。

（1）三地合一：工资发放地、社保公积金缴纳地、个税缴纳地一致。

（2）四流合一：合同流、货款流、发票流、物品流一致。

（3）五基合一：工资基数、社保基数、公积金基数、个税基数、合同基数一致。

七、派遣与外包和代理的比较

表 4-13 主要讲述了代理和派遣、外包之间的差异。

表 4-13 派遣、外包与代理的区别

	派遣	外包	代理
涉及主体	企业和第三方及个人	第三方和个人或企业	第三方和个人或企业
劳动关系主体	第三方	企业或第三方	企业
内容主体	企业业务	企业或个人业务	个人业务
成立要求	劳务派遣经营许可证	人力资源服务许可证 + 经营范围	政府部门允许资质

鉴于人力资源服务机构对不同用工形式的叫法不同，HR 需要具备一定的辨别和理解能力。即使模式和叫法千变万化，其规律和实质也是不会变的。

答疑解惑

1. 派遣单位不得使用非全日制用工，如果用工单位因为岗位特殊，需要派遣单位安排一些兼职教练，派遣单位与员工签订非全日制劳动协议的话会产生哪些不利影响？为了避免用工单位因季节性岗位需求将人员退回派遣单位，派遣单位与用工单位签订什么样的协议比较合适呢？

答：本章中我们提到过派遣单位不能招用非全日制用工，派遣单位只能招用全日制用工。

但是，派遣单位以全日制标准的劳动关系把派遣工招进来以后，无论派遣单位安排派遣工做小时工还是做兼职，都是由派遣公司和用工单位商定的，并不影响派遣工进入用工单位时的用工状态。那么，此时会出现一个问题，如果一个用工单位因为岗位特殊，需要一些兼职教练，于是派遣单位就和派遣工签订了非全日制用工协议，这时就存在劳务派遣的非法用工问题。

如果劳务派遣公司存在非法用工问题，用工单位也需要承担一些连带责任。例如，工资拖欠、社会保险没有按时缴纳或者没有按照正确的方式缴纳、没有足额缴纳等，如果出现这样的情况，用工单位都要承担连带责任。

为了避免用工单位因季节性岗位需求将人员退回派遣单位，派遣双方签订什么样的协议比较合适呢？这里我们要注意，劳务派遣公司的出现，就是为了解决一些临时性的、季节性的、替代性的岗位人员空缺问题。

从用工单位的角度看，用工单位就是要监督劳务派遣公司是不是和员工签订了全日制的劳动合同，建立了全日制劳动关系。如果是的话，用工单位和劳务派遣公司直接签订劳务派遣协议，就没有任何问题。如果劳务派遣公司对于人员的管理不是合规合法的，那么无论签订任何协议都很难规避潜在的风险。因为这个人是派遣到用工单位的，只要出了问题，用工单位就需要承担连带责任。

2. 录用内退人员、录用已达到退休年龄的人员、退休返聘，这三者有何不同？企业录用这三类人员有哪些风险呢？

答：我们通过表 4-14 来区分这三者的不同与相关聘用风险。

表 4-14　内退、退休与退休返聘人员的不同和相关聘用风险

	内退人员	达到退休年龄的人员	退休返聘人员
人员特征	企业内部允许退休，距离法定退休年龄不足五年且司龄较长，职工本人自愿，继续缴纳社保	从原单位依法退休，已达到法定退休年龄	原单位依法退休后被原单位继续录用
单位聘用	原单位＋新单位	新单位	原单位
关系认定	劳动关系	劳务关系为主	劳务关系为主
解除终止	按劳动关系处理	双方约定	双方约定
收入标准	发放生活补助费。该费用可以协商，但一般不低于当地失业人员的相关标准	双方约定	双方约定
意外责任	企业承担	按责任比例承担	按责任比例承担
雇佣风险	劳动关系中所有风险	保险、意外、关系认定	保险、意外、关系认定

内退这个叫法已经很少出现在企业的日常工作中了。内退原来是国有企业为了安置富余员工而形成的，对于我国大多数非国有企业而言，对富余员工的安置方法更多的是调岗或裁员。当辞退一个老员工的成本和风险过大时，内退便成为了企业退而求其次的选择。

关于退休返聘人员，HR 要注意一点，那就是避免连续使用。劳动者到达退休年龄、办理退休手续后，单位如果想继续聘用该员工，在该员工办完终止手续与再次录用中间应尽量有所间隔，如间隔一个月后，再

行录用。如果没有间隔，劳动关系终止后连续录用该员工，有被认定为劳动关系的风险。

3. 餐饮公司可以与外卖员签订劳务用工协议吗？外卖是企业的业务部分，招聘劳务工是不是会被认定为具有劳动关系呢？如果外卖员想使用劳务的用工模式，有什么方法可以规避风险？

答：首先，外卖是不是企业的业务组成部分，并不是判断双方是不是具有劳动关系的最核心或最必要的一个要素。如果按照这样的逻辑，我作为多家平台的讲课老师，我是不是应该和这些线上平台构成劳动关系呢？显然答案是否。

认定劳动关系中最关键的要素是员工本人，也就是外卖员接不接受企业的日常工作管理，企业要不要他穿企业的工作服，他要不要挂工作牌，有没有明确的送外卖的上下班时间，有没有固定的休息时间，是否固定地每个月给他发多少钱，等等，如果外卖员接受企业的日常工作管理，那么在很大程度上他会被认定为与企业具有劳动关系。

美团和饿了么把外卖订单直接放到平台上，员工想接的时候就接，不想接的时候就不接，员工不具备很强的管理约束性，它就很难被认定为存在劳动关系。

所以，企业如果想和外卖员订立劳务用工关系，就不能像管理普通员工那样管理他，否则就会被认定为双方具备劳动关系。

实例分析：百果园的内部裂变机制

网上有很多关于百果园的介绍，其内部的裂变机制很简单，就是公司作为平台，员工作为创业者，店长和片区管理者投资并进行经营管理，形成一个"平台＋合伙人"的闭环。其中，

店长占股 80%，主要负责门店的经营工作；

片区管理者占股 17%，主要负责片区门店的管理；

大区加盟商占股 3%，主要负责门店的选址。

百果园不出资、不占股、不收加盟费，无商品差价，主要负责连锁系统的管理、运营、人才输出、品牌运营、人员培养、培训、门店运营等工作。

门店采取个体工商户的形式，由片区管理者作为门店工商登记的负责人。门店利润与百果园采取三七分成，门店三年内的亏损由百果园承担。

在百果园的裂变过程中，企业和员工之间原有的 B2C 劳动关系被打破，形成了 B2B 的经济合作关系，这种由公司内部员工形成的创业组织通常又被称为"组织裂变"，也有人称其为"阿米巴"模式。总之，核心就是由一个大组织分裂成许多个紧密捆绑在一起的小组织甚至平台。

经济合作关系除了内部创业引发的组织裂变外，基于新个税法对于经营所得的定义，也衍生出了各种不同的类型，如图 4-31 所示。

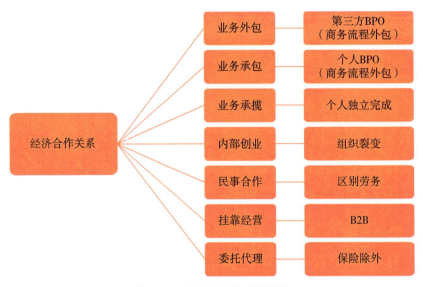

图 4-31 经济合作关系的类型

结合百果园的案例，我们发现这类内部创业实际上也属于承包的一种。内部承包就会存在承包后再雇人的现象，因此在内部承包的过程中，除了处理前端的问题外，后端的用工问题也不容忽视。常见的内部承包形式有以下两种。

第一种，企业部门领导或部门负责人建立个体户，同时将部门内员工的劳动关系转移到个体户名下，如百果园。

第二种，企业内部任意员工建立个体户，同时个体户根据实际情况聘用企业内部或外部的人员。

这两种形式都是将传统的 B2C 的劳动关系转换成 B2B2C 的混序用工关系。以第一种模式为例，原有 B2C 的工作模式为：企业将任务下

发给部门负责人，部门负责人将任务细分给部门内的不同员工。现有
B2B2C 的工作模式为：企业发布任务内容、任务要求和任务奖金，部门
负责人获得个体户资格后承包企业的任务，再交由其名下的员工完成。

以上述两种形式为例，内部承包后，个人和个体户构成劳动关系，
直接适用劳动关系的管理方式。需要注意的是，如果该个体户属于非法
或非常规主体的，在实践中，个人和企业就会形成间接的劳动关系，即
个人发生意外伤害或第三方责任时，企业会承担一定的责任。

因此，我们再结合劳务关系与劳动关系中关于意外伤害和第三方责
任的问题，来对比这三种不同的关系，如表 4-15 所示。

表 4-15　劳务关系、劳动关系与经营关系的区别

特点	劳动关系	劳务关系	经营关系
约定形式	必须书面约定	口头或书面约定	口头或书面约定
服务形式	长期稳定的劳动服务	一次性或特定劳动服务	一次性或特定劳动服务
收入属性	• 劳动收入 / 工资薪金所得 • 每月固定收入	• 劳务收入 / 劳务报酬所得 • 一次性或无规律收入	• 经营收入 / 经营所得 • 一次性或无规律收入
纳税方式	工资薪金所得 / 综合所得	劳务报酬所得 / 综合所得	经营所得
纳税种类	个税	个税 + 增值税 + 附加税	个税 + 增值税 + 附加税
主体个数	两个平等主体	两个或两个以上的平等主体	两个或两个以上的平等主体
签约主体	B2C	C2C+B2C	B2B+B2C
法律主体	劳动 + 民事 + 行政权利义务关系，参照劳动相关法律	民事权利义务关系，参照民事、合同相关法律	民事经营权利义务关系，参照民事、合同相关法律

（续表）

特点	劳动关系	劳务关系	经营关系
保护时效	仲裁时效一年	诉讼时效三年	诉讼时效三年
社保缴纳	单位缴纳，企业强制义务	单位或个人缴纳，双方协商约定	单位或个人缴纳，双方协商约定
工伤责任	企业强制义务	双方协商约定	双方协商约定
认定条件	• 劳动合同＋三要素 • 无劳动合同＋劳动事实	劳务合同／协议双方约定内容	个人承揽协议／合作协议双方约定内容
管理要素	• 制度规定／合同约定 • 雇佣管理关系	• 合同／协议约定 • 平等合作关系	• 合同／协议约定 • 平等合作关系
人身伤害	企业承担	过错比例	以承揽方承担为主
第三者责任	个人无法承担时企业承担	个人承担	承揽方承担

《民法典》对于本章中提到的部分灵活用工形式对他人造成损害的责任界定也有明确的表达，如表 4-16 所示。

表 4-16 《民法典》对部分灵活用工形式的责任界定

用工模式	责任分担
劳务派遣	用人单位的工作人员因执行工作任务造成他人损害的，由用人单位承担侵权责任。用人单位承担侵权责任后，可以向有故意或者重大过失的工作人员追偿。 劳务派遣期间，被派遣的工作人员因执行工作任务造成他人损害的，由接受劳务派遣的用工单位承担侵权责任；劳务派遣单位有过错的，承担相应的责任
承揽	承揽人在完成工作过程中造成第三人损害或者自己损害的，定作人不承担侵权责任。但是，定作人对定作、指示或者选任有过错的，应当承担相应的责任

总结与思考：灵活用工平台将何去何从

2020 年 7 月 10 日，"灵活用工"平台趣活科技登录纳斯达克挂牌上市，让许多同行羡慕不已。

在前言中我们提到过，个人、企业和第三方人力资源机构对于"灵活用工"的定义和认知，及其所站的角度是完全不一样的，这就意味着相同的东西对三类人群而言是不同的。例如，"灵活用工"对个人来说是一种"灵活就业"，"灵活用工"对第三方人力资源机构来说是一种"灵活用工服务"。灵活用工平台满足了三类人群"灵活就业""灵活用工"及"灵活用工服务"的需求。

这两年，灵活用工平台的风潮可以说是席卷全国。所谓外行看热闹，内行看门道。我们先来了解一下平台的业务模式，如图 4-32 所示。

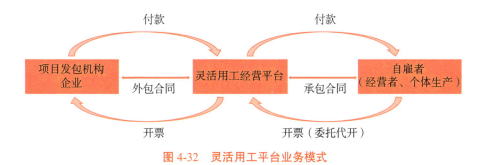

图 4-32　灵活用工平台业务模式

有人会问：国家互联网信息化如此发达，各个行业都在去中间商，为什么灵活用工平台就搞起了中间商，还如火如荼的？灵活用工平台不同于其他的中间商，赚的是货真价实的服务费，而且这个服务费并不是随手就能复制到的：

（1）在当地工商局可以一次性地对个体工商户进行简易、快速、安全的注册登记；

（2）拥有或管理优质的人力资源产业园，具备良好的核定征收的税收政策，能够保证整条业务流水线上自雇者的经营收入得到大大提高；

（3）自雇者的经营收入发票可以依托灵活用工平台在当地税务局进行委托代开，即可以对批量的自雇者进行统一的发票开具和个税扣除；

（4）灵活用工平台作为第三方管理平台可以对企业发放的外包内容以及自雇者的完成情况进行审核和监督，保证公平性及资金的安全性；

（5）自雇者可以委托灵活用工平台进行个税的预扣预缴及汇算清缴。

所以，灵活用工平台不同于其他的中间商，它们提供的是真正的服务。

但是，基于灵活用工平台的优势和便捷性，已有越来越多的第三方人力资源公司开始寻求搭建平台的渠道和可能性。简单来说，公司想要搭建灵活用工平台至少需要具备以下的资质或条件：

（1）灵活用工平台的委托代征资质；

（2）灵活用工平台的年检申报资质；

（3）灵活用工平台的委托代开资质；

（4）灵活用工平台的批量代开资质；

（5）灵活用工平台的税收洼地资质；

（6）灵活用工平台的个体注册资质；

（7）灵活用工平台的平台搭建能力；

（8）灵活用工平台的两端储备能力；

（9）灵活用工平台的信息整合能力。

许多第三方人力资源机构在搭建灵活用工平台时存在一些迷茫，因为许多灵活用工平台其实属于"灵活结算"平台。真正的灵活用工平台的搭建逻辑应该按照如下节奏进行：

原住民→业务场景→用工场景→管理场景→结算场景

（1）原住民

自由职业者或想灵活就业的人员就是灵活用工平台的原住民。如果没有这批人，灵活用工平台是无法搭建起来的。

（2）业务场景

有了原住民之后，灵活用工平台为了满足个人和企业的需求，需要寻找或搭建真实的业务场景，如线上或线下的培训对培训师来说就属于真实的业务场景。有些业务场景是原来就存在的，平台可以通过"事的结果"将其作为任务来发包；有些业务场景则是需要搭建和打造的。

（3）用工场景

有了真实的业务场景后，平台就要确定与原住民的用工关系了，到底是建立劳动关系，进行劳动关系存续下的灵活用工，还是不建立劳动关系，进行去劳动关系下的灵活用工。灵活用工平台必然选择后者，因为前者没有平台操作和存在的空间。所以，灵活用工平台就要确定建立经济合作、个人承包承揽等用工关系。

（4）管理场景

企业的管理场景也在随用工场景的变化而变化。例如，在劳动关系下，企业需要与员工签订劳动合同和保密竞业协议，制定规章制度、绩效考核制度等；而在非劳动关系的情况下，以经济合作为例，用工双方则需要签订合作协议、个人承揽协议、合作须知、保密条款等，否则便会出现本章中提到的去劳动关系下的灵活用工被认定为事实劳动关系。

（5）结算场景

结算是灵活用工平台中的最后一个环节，也是很多企业解决灵活用工现状的关键一步。在所有的业务场景、用工场景和管理场景具备后，结合之前的场景，灵活用工平台应给予相应的结算模式，如"委托代征模式""工作室模式""临时税务登记模式""结算中心模式""自然人代开模式""无车承运平台""第三方支付通道直连"等。

可是，许多灵活用工平台都是先解决了"结算场景"，再去制造

"业务场景"，甚至懒于设计"业务场景"。这样的顺序带来的直观结果就是"假灵工，真劳动"。这类灵活用工除了在结算模式上符合灵活用工的特征外，本质上用工双方还是劳动关系。本章中我们也提到过劳动关系的本质不在于结算，所以仅仅改变结算是远远不够的。希望本书的建议和方法能给那些对"何谓合规的灵活用工"存在疑惑的第三方人力资源公司一些指点。

笔者认为，之所以大量的灵活用工平台不合规，主要有两个原因。第一个原因是"原住民"比例较少。早些年滴滴打车、美团、饿了么等平台抢占了市场上的多数"原住民"后，灵活用工平台的"原住民"比例和数量更是直线下降。

在看到第一批灵活用工平台赚钱了之后，许多同行开始入局。然而由于"原住民"的比例较少，后入局的平台赚不到钱。于是，许多第三方人力资源机构开始搭建只解决"结算场景"的灵活用工平台，因为这样就不用考虑"原住民"的数量问题了。

第二个原因是人力资源机构的内部员工来自各行各业的各个岗位，只有少数人是 HR 出身，这就导致了从业者对人力资源知识、劳动关系管理知识、用工管理知识、组织架构调整知识了解甚少。同时，虽然从业者缺乏专业知识，但跨界带来的人脉成为他们的优势。所以，通过仔细观察我们不难发现，这个行业的业务跨界版图很宽，但专业知识很窄，实现规范性具有一定的难度。

从人力资源机构的专业性缺陷和灵活用工平台必需的合规性出发，灵活用工平台还存在一个难题：个人与平台之间用工关系的认定。只有具备劳动关系的用工双方才会出现工伤、社保、解雇补偿等问题，而灵活用工平台建立的初衷并不是建立劳动关系，而是建立一种合作的经营关系；自雇者上平台找活干的目的也不是为了建立劳动关系，而是为了赚更多的钱。在平台用工的关系认定中，HR 应当注意哪些事项呢？具体如图 4-33 所示。

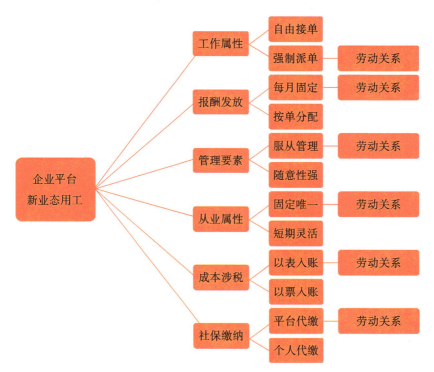

图 4-33 认定平台用工关系时的注意事项

以饿了么和滴滴打车为例，如果是平台收到一个订单后个人主动接单，双方就不太会被认定为具有劳动关系（其他因素暂不考虑）；相反，平台收到订单后强制某位配送员进行配送，双方则在很大程度上会被认定为具有劳动关系。

此外，灵活用工平台还存在一个较大的痛点和难点，那就是保险的缴纳。众所周知，灵活用工平台的本质是去劳动关系化，然而在去劳动关系化后社会保险缴纳作为劳动关系的重要组成部分，从法律意义上说，用人单位可以不再承担相应的责任和成本。但是，员工的医疗、养老、失业等问题究竟是由灵活用工平台负责还是个人负责（此处指的是真灵活用工状态，"假灵工真劳动"的社保问题依然由平台或相关企业负责）。如果由灵活用工平台承担个人的社会保险，那么该费用最终依然会转嫁到用人单位身上，用人单位并没有节省多少成本；而当个人承担社会保险的时候会发现，按照现有"灵活就业"的社保政策，不少地方都规定只有本地户籍的员工才能缴纳，这使得异地就业的个人根本无法在就业地缴纳社保，也就无法享受相关待遇。

所以，现在灵活用工平台主要是为个人购买灵活的商业险、雇主责任险、单工伤险等。这类保险主要有两个特点：第一个特点是灵活，因为合规的灵活就业人员具备流动性，所以按日来结算是比较公平的；第二个特点是个人有保障。现在的灵活用工平台在期待新政策的同时，也在积极探索新的保险方式，探索一个让大家都能接受的保险缴纳模式。

以上便是目前灵活用工平台面临的主要困局，至于未来将会何去何从，我们将拭目以待。

2020 年年初，某 FA 机构合伙人焦先生曾经就灵活用工及灵活用工平台的问题与笔者进行了一次远程深度交流。在交流过程中，我们就如何选择一家灵活用工平台进行投资达成了一个概念共识：垂直类行业的灵活用工平台将会过得挺好；大杂烩式的灵活用工平台必须有强大的资金支持，否则在行业细分化的今天将困难重重；纯粹结算式的灵活用工平台只能抓紧赚快钱。

所谓垂直类行业，大家熟悉的美团、饿了么、滴滴打车等都属于垂直行业类。这类行业的灵活用工平台的重点就是基于自身对行业的熟悉与认知，在细分行业中做到更好的匹配，进而留存客户形成持续循环合规的交易。所以，灵活用工平台的运营顺序应该是从寻找原住民开始，到搭建结算场景结束，而不是先搭建结算场景，把"灵活用工平台"变成"灵活结算平台"或"灵活支付平台"。未来，灵活用工平台的合规化势在必行。目前针对 HR 及人力资源相关的垂直类灵活用工平台还是一片蓝海，有兴趣的同行可以进行探讨和开发。

第五章

企业如何构建多元化灵活用工关系

老板：小陈，那本《企业灵活用工实操手册》学习得如何了？

HR（小陈）：老板，我还剩最后一章没有看完，不过我已经通过对前面章节的学习掌握了大致的方法和窍门。

老板：你先说说看。

HR（小陈）：先寻找原住民，然后搭建业务场景，确定用工关系，制定管理方法，明确结算模式。

第一节　未来重点扶持的用工形式——见习＋学徒

我国一向看重就业率，曾经出台过不少能够提高就业率的相关政策，这里我们列举国家重点扶持的两个用工形式——"见习"和"学徒"。

国务院印发的《关于做好当前和今后一个时期促进就业工作的若干意见》中明确指出：扩大就业见习补贴范围。从 2019 年 1 月 1 日起，实施三年百万青年见习计划；将就业见习补贴范围由离校未就业高校毕业生扩展至 16 ~ 24 岁失业青年；组织失业青年参加 3 ~ 12 个月的就业见习，按规定给予就业见习补贴，并适当提高补贴标准。那么，见习有哪些优势和好处呢？以上海为例，大致可以分为如图 5-1 所示的六点。

降低成本
见习6个月内，企业免交社保，按照上海最低社保基数，一个月一个人省2000元，6个月一个岗位合计省12000元

企业受益
和谐用工关系，企业美誉度增加

HR受益
招人更容易，员工流失率降低，工作效率更高

降低风险
见习期内用工关系在基地，基地为见习人员购买商业险

用工灵活
用工不受劳动法约束，对不合适的人员不用举证不胜任力，更不需要再次培训上岗后不合适再辞退，可以以不合适为由直接辞退

员工受益
国家补贴，增加额外收入，缓解生活压力

图 5-1　见习的优势

　　除此之外，见习还有其他便捷的地方。例如，见习期员工如果直接转正成为企业员工，可以根据劳动合同期限约定试用期，加上见习期 6 个月，企业最多可以试用该见习员工 12 个月。

　　从企业的角度来说，录用见习人员也是拓宽自身招聘渠道的一种方式。个人认为在条件允许的情况下，见习人员给企业带来的利大于弊。

2019年，人社部和财政部印发《关于全面推行企业新型学徒制的意见》（以下简称《意见》），其中最为亮眼的内容是《意见》提出了企业新型学徒制的一系列政策措施。

从2019年到2020年年底，努力形成政府激励推动、企业加大投入、培训机构积极参与、劳动者踊跃参加的职业技能培训新格局，力争培训50万名以上企业新型学徒。2021年起，继续加大工作力度，力争年培训学徒50万人左右。

一是建立企校双师联合培养制度。企业应选拔优秀高技能人才担任学徒的企业导师，培训机构应为学徒安排具备相应专业知识和操作技能水平的指导教师。

二是学徒培养实行弹性学制和学分制。结合企业生产和学徒工作生活的实际情况，采取弹性学制，实行学分制管理。鼓励和支持学徒利用业余时间分阶段完成学业。

三是健全企业对学徒培训的投入机制。学徒在学习培训期间，企业应当按照劳动合同法的规定向学徒支付工资，且工资不得低于企业所在地的最低工资标准。承担带徒任务的企业导师享受导师带徒津贴，津贴标准由企业确定，津贴由企业承担。

四是完善财政补贴政策。补贴标准由各省（区、市）人力资源社会保障部门会同省级财政部门确定，学徒每人每年的补贴标准原则上不低于4 000元，并随着经济发展水平、培训成本、物价指数等情况逐步提高。

从《意见》中我们不难发现，国家对于大力开展学徒制的工作是有所计划的。学徒在一定程度上可以与实习生进行比较，从本质上也是为了提高应届生的就业率。

从见习与学徒的性质和特点出发，企业可以明确他们的管理问题。见习的性质更像官方派遣用工，而学徒的性质更像官方实习用工。结合前章中关于这两种用工形式的相关解读和说明，HR 可以掌握对于见习人员和学徒人员的管理方法与逻辑。

第二节　设计多元化用工体系的核心

许多企业在尝试设计多元化灵活用工形式的过程中都遇到了障碍，其原因是我们在前文中提到的两点：一个是从业者对专业知识的熟悉程度，另一个是从业者对组织和业务的熟悉程度，两者缺一不可。然而在此之前，HR 还要明确中心思想并统一目标，那就是，采用多元化灵活用工形式的目的是什么？我们需要通过它达到怎样的效果？怎样通过工具和技能让灵活用工落地？落地的核心是什么？

多元化灵活用工对企业来说最迫切和最实际的目的就是降本增效：降低人工成本，提高生产效率（如图 5-2 所示）。

对此，HR 就会疑惑：怎样才能让老板觉得灵活用工可以提高生产效率呢？这一问题的核心在于"结果"而不是过程。在以"结果"为导向的灵活用工形式中，企业为员工支付报酬以劳动交付的结果为主，如在劳务关系与经济合作关系中。这在很大程度上能杜绝员工偷懒的情形，因为员工完不成工作时，将得不到任何报酬，而不像在劳动关系下，即使员工一整天毫无成果，单位也要为此付出出勤工资甚至是加班工资。

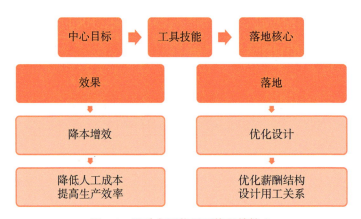

图 5-2　设计多元化用工体系的核心

设计多元化用工形式的核心还在于优化设计：优化薪酬结构，设计用工关系（如图 5-2 所示）。这里的薪酬结构不同于 HR 常规认知里的薪酬结构，因为"薪"和"酬"本身就是两个完全不同的概念。

目前许多与薪酬结构设计有关的内容及课程，还停留在劳动关系的"薪资"架构范围内，如宽带薪酬等。笔者一直强调一个概念："薪"＝薪金；"酬"＝报酬。薪酬连在一起应该是薪金＋报酬。我们可以将薪金理解为现有劳动关系下的"薪资"框架，报酬则是员工的所有收入。在第一章中提到，员工有九种类型的收入需要缴纳个人所得税。现在企业用到的多是"工资薪金所得"及"股权所得"。从报酬的开发的角度来说，这只是开发了员工个人收入的冰山一角。优化薪酬结构需要开发甚至调整员工现有的薪酬结构，从原来的劳动关系下的"薪资"结构真正变成多元化的"薪酬"结构（如图 5-3 所示）。

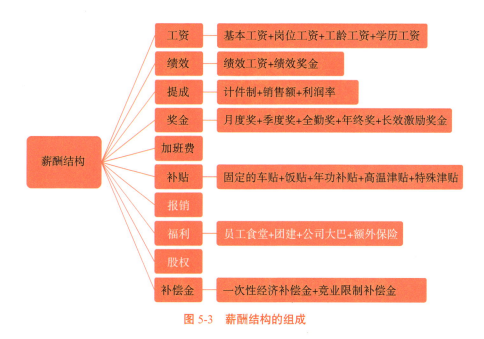

图 5-3　薪酬结构的组成

要想实现多元化的"薪酬"结构，企业要做的必不可少的工作就是设计多元化灵活用工形式，通过合法合规的关系转化（去劳动关系下）或用工调整（劳动关系下）来构建员工的"薪酬"结构。

　　并不是所有企业都适合采用灵活用工形式，并不是所有的岗位和部门都适合采用灵活用工体系，HR 在判断多元化灵活用工基础建设的时候，需要考虑如图 5-4 所示的八项内容。

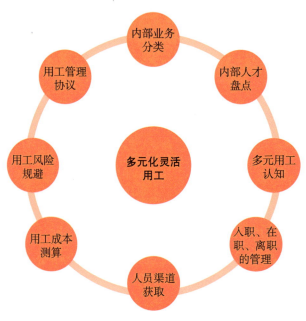

图 5-4　多元化灵活用工的构成要素

（1）内部业务分类

　　HR 要了解企业的整体业务，并需要对企业的业务进行分类。分类的方法有很多，如按重要性区分、按赢利性区分、按成本性区分等。分类是设计多元化灵活用工体系的前提。

（2）内部人才盘点

人才盘点是为后续多元化灵活用工做准备。许多企业会使用九宫格对员工进行分类，这种方法也适用于灵活用工的设计工作，用于区分出企业的优秀员工、一般员工及能力较差的员工，这样更有利于 HR 在设计灵活用工体系时对人员做出正确的选择。

（3）多元用工认知

HR 要了解灵活用工的基本概念、相关法律规定，要妥善把握用工风险，掌握合同协议的撰写技巧和薪酬个税的认定。

（4）入职、在职、离职的管理

入职、在职和离职属于劳动关系中的经典分类。目前，绝大多数企业对入职、在职、离职的管理都是从劳动关系的角度设计相关的管理制度、管理流程和考核标准等。考虑到设计多元化灵活用工后，要对原有的入职、在职、离职管理进行较大幅度的调整，企业从上到下的管理风格甚至企业文化都会发生变化，这是 HR 要提前知晓并注意的。有些企业管理者对于这些变化和调整难以接受，又想尝试多元化灵活用工，有可能导致前文提及的"假劳务真劳动"和"假外包真派遣"。

（5）人员渠道获取

在设计多元化灵活用工体系的过程中，人员获得既是重点，也是难点。多元化灵活用工的人员获得主要分为老员工转为灵活用工和新员工入为灵活用工两类。新的灵活用工员工的招募渠道，除了常见的智联、51Job、BOSS直聘等招聘网站会有少量比例的灵活就业人员外，兼职猫、58同城、斗米等专为灵活就业与灵活用工而生的招聘平台也已经发育成熟，还有灵活用工平台的匹配机制及第三方人力资源公司的人才库等，企业目前可以通过较多的渠道寻找适合自己的灵活用工人员。由于岗位和行业不同，人员获取渠道也会有所差异，企业管理者和HR需要做好前期的调研工作。

（6）用工成本测算

用工成本测算包括原有劳动关系下的成本、完全合规下的劳动关系成本、用工模式调整过程中的成本及用工模式调整后的成本。基于用工模式可能产生的税收和社保、公积金的变化，HR也要进行相应的测算，以此计算用工成本性价比最高的用工模式调整方式。

（7）用工风险规避

未来，企业用工必然需要走向合规和统一。所以，企业在进行用工模式调整的过程中除了要考虑成本问题外，也不能忽视用工风险。企业必须在用工风险与人工成本之间保持平衡。所谓性价比高，对应的是低风险中用工成本最划算的模式。

（8）用工管理协议

用工模式的调整必然会带来用工管理协议的调整。HR已习惯了原有劳动关系下的用工管理协议，如何建立一套新的用工管理协议，是否需要得到外部专家的支持，这都是 HR 需要重点考虑的问题。

第三节　多元化灵活用工对企业的利弊

所有事物都有两面性，因此多元化灵活用工也存在一些缺陷，这些缺陷会成为许多企业不实施灵活用工的重要原因。多元化灵活用工对企业及个人的利弊如表 5-1 所示。

表 5-1　多元化灵活用工对企业及个人的利弊

	企业使用多元化灵活用工	个人成为多元化灵活用工
优点	• 降低社保、工资等人工成本 • 组织扁平化，保留核心人才 • 企业小微化，降低纳税成本 • 管理灵活化，依靠双方约定 • 地位平等化，法律不偏向个体	• 工作时间碎片化 • 工作地点随意化 • 工作内容选择化 • 工作着装个性化 • 工作报酬选择化 • 工作管理自由化
缺点	• 用工多元化，管理的难度较大 • 人员黏性低，对企业缺乏忠诚度 • 信息透明化，容易引起秘密泄露 • 关系争议化，被认定为劳动关系的概率大 • 业务分散化，集中管理推进难度大	• 社保缴纳个人化 • 意外伤害个人化 • 第三责任个人化 • 收入报酬不固定化 • 常规保障缺失化

HR 需要尽可能避免灵活用工给企业和个人带来的不利影响，并要想办法让员工更好地了解它的优点。例如，员工对个人灵活用工的自由

化既可以单选，也可以多选；这种因人而异的方式虽然给予了个人更多的选择，但是也为企业和 HR 带来了管理难度。

再如，员工在被调整为灵活用工后缺少了一些常规保障，企业如何为员工弥补这种损失或给予员工其他的补偿项目？ HR 要从自身的专业能力出发，分析和突破多元化灵活用工的不足，从员工关怀的角度解决员工的管理难题，因为在合规的基础上这些问题已经不再是法律问题，而是管理的问题。

第四节　各类用工形式的人力成本及优劣势分析

从本质上说，灵活用工有没有为企业降低人力成本呢？我们先来看看表 5-2。

表 5-2　各类用工形式的优劣势分析

	收入	社保	公积金	福利	基本保障	企业代办	劳动保护	经济补偿	备注
劳务	劳务所得	无强制	无强制	无强制	无强制	无强制	无强制	无强制	个人承担伤害
经营	经营所得	无强制	无强制	无强制	无强制	无强制	无强制	无强制	个体承担伤害
新人	工资薪金	无强制	无强制	无强制	无强制	无强制	无强制	无强制	企业承担伤害

（续表）

	收入	社保	公积金	福利	基本保障	企业代办	劳动保护	经济补偿	备注
老人	劳务+工资	无强制	无强制	无强制	无强制	无强制	无强制	无强制	个人承担伤害
非全	劳务+工资	单工伤	无强制	无强制	无强制	无强制	无强制	无强制	个人承担伤害
派遣	工资薪金	有	有	同工同酬	有	有	有	有	企业+三方承担
外包	外包需要区分个人与企业或第三方之间的关系，以及关系类型的认定								

　　总体来说，去劳动关系下的灵活用工可以帮助企业降低用工成本，也可在一定程度上转移用工风险。但是，企业在节省一定的用工成本的同时，确实也使员工牺牲了一些个人利益。企业可以把调整灵活用工模式当作一次筛选员工的契机，借此机会分辨哪些员工是认真工作的，哪些员工就是混日子的。对于人工成本，我们可以用以下两个公式简单概括：

　　劳动关系 = 少量 / 部分工资 + 社保 + 公积金 + 福利 + 加班费 + 基本保障（三期、医疗、工伤）+ 企业代办 + 劳动保护 + 补偿金

　　非劳动关系 = 大量钱 + 自行 / 约定承担

第五节　企业用工模式多元化的改变

企业采取多元化的用工模式不仅是一种改变，更是一种自救。未来企业多元化的用工模式将会呈现为：

企业未来用工模式 = 劳动关系 + 劳务关系 + 经济关系 + 民事关系 + 非全日制 + 派遣 + 外包

在劳动关系依旧为主要用工关系的当下，企业可以适当降低劳动关系用工的比例，提高其他类型用工模式（去劳动关系下）的比例。目前，除了法律对劳务派遣人数占比有 10% 的硬性规定外，其他暂无比例上的限制。至于各企业应该怎样调整比例，不同的行业和岗位会有所不同。但可以肯定的是，未来企业的用工模式必然是百花齐放，而不再是独木难支。

那么，如何设置上述用工模式的比例呢？企业可以对员工进行分层，例如，根据二八原则可以找出企业的核心员工，对核心员工采用保留劳动关系 + 额外福利报酬的模式；对弹性员工则可以采用较为灵活的用工模式，如居家办公、约定劳务关系等。如果员工希望采取灵活就业的方式工作，企业也应当表示欢迎并视具体情况进行安排。

这种用工模式的改变也会对企业的用人思路产生比较大的影响。企业需要接受从传统劳动用工转化为新业态的用工，从原有的占有式用工转化为按需式用工，从原来的垂直强管理转化为扁平化弱管理。

第六节　企业适合开展灵活用工的岗位和工作内容

具体到企业的实践工作中，我们需要结合员工的重要性、岗位的特殊性及工作内容的独立性来看哪些岗位和工作适合采取灵活用工形式。

从员工类型的角度看，企业需要对核心员工适当保留一定的劳动关系身份和相应的保障，包括福利股权，甚至是第三方平台处的经营所得等。核心员工的灵活用工模式主要是指部分关系的转变和整体收入的增加（如图5-5所示）。

图5-5　根据员工类型拆解用工模式

由于一般员工与临时员工的不可替代性不强，所以企业可以对其实施用工模式（劳动关系＋去劳动关系）的调整（如图5-6所示），具体调整方式HR可以根据岗位和工作内容进行拆解。

注重过程的岗位在工作内容没有变化的情况下，企业可对其进行劳动关系下的灵活调整；对于灵活性较强的岗位与工作，建议企业采用非全日制的用工形式对其进行轮岗排班；对于注重结果的工作，建议企业与岗位员工建立、保持劳务关系或经济合作关系；对于企业非主营业务的岗位和工作，则建议企业采用派遣或外包的方式。

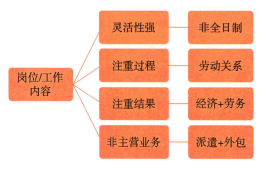

图 5-6　根据岗位或工作内容拆解用工模式

第七节　举例说明不同行业设计多元化
用工模式时的区别

鉴于行业和企业整体状况的不同，我们仅分析一下不同行业的企业在设计多元化用工模式时的区别。

如图 5-7 所示，以销售业务为主的房产公司为例，其主营业务为房产销售，主要岗位也是销售业务类型的岗位，其次是后勤岗位。基于业务类型的岗位更加关注业绩结果而非业务开发的过程，所以 HR 可以将原有业务人员的劳动关系都调整为劳务关系、经济合作关系，甚至将企业片区的业绩任务外包给合适的销售团队；风控等部门作为房产公司的非主营业务、非核心且非利润部门，企业可以将风控业务进行业务外包，抑或采取员工居家办公的形式等。

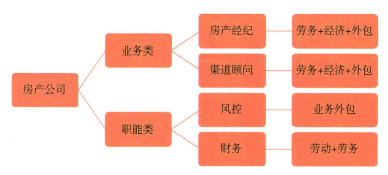

图 5-7 **房产公司设计的多元化用工新形态**

如图 5-8 所示，餐饮行业的主要岗位是服务类岗位与职能类岗位。鉴于服务类岗位的高流动性、高交叉性和高度流程性等特点，HR 可以采用非全日制用工与实习生等特殊形式对员工进行分配。

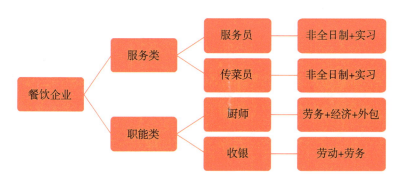

图 5-8 **餐饮企业设计的多元化用工新形态**

上述两个案例为企业与岗位设计了多元化灵活用工模式，而在实践过程中，企业的多元化灵活用工可能并不只有两方，如灵活用工平台的分包就是典型的 B2B2B 用工模式，而班组长承包模式就是 B2B2C 用工模式，建筑施工行业常见的包工头则是 B2C2C 用工模式，如图 5-9 所示。

图 5-9　灵活用工平台的用工模式

第八节　人力资源管理面对混序关系管理时的挑战和改变

企业的多元化用工模式也是一种混序用工模式，目的是体现企业的灵活性，以此应对复杂多变的市场环境。但是，这种混序用工模式一定要建立在合法合规的基础上，而不是脱离法律的规定，这就需要 HR 学会对混序用工关系进行合法合规又合情合理的管理。HR 在处理过程中会遇到如下的挑战和改变：

（1）"入职、在职、离职"管理；

（2）规则与协同管理；

（3）保密与利益冲突管理；

（4）结算与支付管理；

（5）安全与风控管理；

（6）冲突与处理管理；

（7）流程与文书管理。

HR 要想熟练掌握这种混序用工模式，除了要掌握专业知识外，还需要具备大量的实战经验。例如，劳动关系下的员工需要提前 30 天提出辞职，这 30 天对于员工来说非常难熬，对企业来说也是一种约束，甚至会影响其他在职员工的情绪。其实，工作交接只需一两天即可完成，再复杂的辞职流程一周内也可以走完。这一点在多元化灵活用工中值得 HR 思考。目前，许多 HR 对劳动关系的一些实务操作还无法达到熟练程度。何谓"熟练"？它是指在不借助外部专家的前提下，能够独立解决企业内部的劳动关系管理问题且双方无争议。如果 HR 不具备这样的硬实力，企业管理者就要做好准备，是放弃开展多元化灵活用工的想法，还是选择聘请外部专家常驻公司提供咨询服务。

答疑解惑

1. 企业如何开展灵活用工，才能让员工感觉自身利益没有受损，从而达到双赢的效果？

答：企业灵活用工，对应的是个人灵活就业。企业在开展灵活用工的过程中，在设计方案时不仅需要考虑总体成本和用人风险，而且要兼顾员工的个人利益，如果灵活用工对员工无益，员工又怎么会答应呢？HR要重点突出员工从中获取的利益，主要包括整体收入的提高和工作的相对自由。这两点对于追求更多收入和向往自由的员工来说尤为有效。

在开展灵活用工的过程中，可能会有员工表示不同意、不理解、不配合，这是很正常的现象。因为不是所有员工都适合被调整为灵活用工，企业用人的核心还是要讲究匹配。当然，此类问题仅会出现在老员工之中，新员工在入职之前就可以选择是标准劳动关系还是灵活用工关系。

2. 按照规定，在法定假日用工，企业必须向员工支付三倍工资。在线下英语教育培训机构，全职老师的课酬一般不低，节假日又是学生的学习高峰时期，老师们必须来上班。企业是否可以既降低用人成本又不增加节假日用工风险呢？

答：此问题的核心在于法定假日上班的老师均为全职老师。只要全职老师与培训机构形成了劳动关系，机构就必须在老师于法定假日上班后为他支付三倍工资。当然，培训老师是比较适合与机构形成灵活用工关系的工作类型。至于采用哪种类型的灵活用工关系，需要企业根据自身特点及当地情况进行有针对性的设计。

3. 灵活用工的模式有哪些？如何对比灵活用工的人力成本与全职用工的人力成本？

　　答：结合本书的内容，灵活用工主要分为劳动关系下的灵活用工和去劳动关系下的灵活用工。我们先梳理人力成本的构成。

　　人力成本＝招聘成本＋培训成本＋试错成本＋人工成本＋社保公积金＋管理成本＋离职成本＋隐性成本。

　　劳动关系成本＝招聘成本＋培训成本＋试错成本＋人工成本＋社保公积金＋管理成本＋离职成本＋隐性成本。

　　灵活用工成本（假定为劳务关系）＝招聘成本＋人工成本＋隐性成本。

　　为什么劳务关系下的人力成本只有三项呢？因为与企业建立劳务关系的人多数都是熟练工，熟练工上岗前基本不需要接受培训；因为劳务关系的进出机制很灵活，所以离职成本和试错成本也大大减少；同时，企业不需要为劳务关系员工缴纳社保和公积金；劳务关系中不存在三期、医疗期和工伤期等管理成本和难题。唯一需要斟酌的是，劳务工的招聘成本在不同行业会有所不同，甚至会高于劳动关系下的招聘成本。

　　乍看之下，劳务关系确实能够降低人力成本，但 HR 也要根据企业的实际情况做出判断。判断的依据就是：选定一种灵活用工的方式，对比同一个人的人力成本与劳动关系成本。注意，仅是人力成本，并不包含其他成本。

实例分析：建筑施工行业的破茧重生

1997 年，我国制定了《中华人民共和国建筑法》，2004 年实施了《建设领域农民工工资支付管理暂行办法》，2005 年，最高人民法院《关于审理建设工程施工合同纠纷案件适用法律问题的解释》出台。尽管如此，个别建筑施工企业依然存在三大乱象，即借用挂靠、拖欠工资和违法分包。

我国早在 2004 年就颁布了《建设领域农民工工资支付管理暂行办法》（以下简称《办法》）。该办法对适应范围、支付方式和拖欠解决等问题进行了详细的说明。

《办法》中第七条明确指出：企业应将工资直接发放给农民工本人，严禁发放给"包工头"或其他不具备用工主体资格的组织和个人。但在实践中，个别企业或总包单位为了自身工作便利，还是将相应款项直接发放给了"包工头"。

为此，2006 年国务院出台了《国务院关于解决农民工问题的若干意见》，明确就农民工的人群范围、工资性问题提出了指导性意见。

由于我国各地情况复杂，制度流程及监管上的缺失依然导致了农民工讨薪事件的发生。为此，2016 年国务院再次出台《关于全面治理拖欠农民工工资问题的意见》。本次意见直接要求地方制定相应的整改措施，并首次宣布建立健全农民工工资（劳务费）专用账户管理制度和健全企业失信联合惩戒机制。

此后，我国各地纷纷出台相应的细则，例如，新疆的《农民工工资保证金管理暂行办法》、江苏的《农民工工资保证金实施办法》。办法明确规定：企业根据工程合同价款的金额不同，将一定比例的保证金预存入银行专有账户，只有得到劳动监察大队确认后，才能开工。等到工期结束后，若企业无拖欠工资的情况，银行将保证金如数退回。这在一定程度上保护了农民工的基本利益。

同时，"黑名单"与"征信体系"的建立给整个建筑施工行业施加了不小的威慑力，使得更多的建筑施工企业开始思考如何合规用工。

挂靠和违法分包是建筑施工行业中的非法用工方式。2019 年《住房和城乡建设部关于印发建筑工程施工发包与承包违法行为认定查处管理办法的通知》对于违法的发包与承包行为进行了界定和区分。

实际上，违法发包与承包的行为比挂靠的负面影响更大。例如，最高人民法院曾明确规定：用工单位违反法律法规的规定，将承包业务转包给不具备用工主体资格的组织或自然人，该组织或自然人聘用的职工从事承包业务时因工伤亡的，用工单位为承担工伤保险责任的单位。在实践过程中，个人如果想承包企业的一部分工程业务，这样做不仅不合法，而且一旦发生意外伤害事故，个人还可能需要承担一定比例的赔偿责任。

2018 年制定的《建筑工人实名制管理办法》与 2020 年发布的《保

障农民工工资支付条例》直接将建筑施工行业的规范性明确到点："施工总承包单位或分包单位要依法与所招用的农民工订立劳动合同并进行实名制登记和管理。"对于习惯了挂靠和以包工头为主要模式的建筑施工行业来说，这两项规定将是对建筑施工行业用工模式的一次彻底洗牌。不得不说，新规在将建筑施工行业引向合规化的同时，也给予了行业开展灵活用工新的契机。

建筑施工行业对于多元化灵活用工模式的探索必须充分考虑到前文提到的"行业监管"问题。如何理解劳务分包、转包、承包中的建筑工人与直接劳动中的建筑工人的差异化，如何从"用工不用人"思路转换为"用工又用人"，规范后的劳动用工如何让原有的松散型"类劳务"管理翻篇，如何用合同与工具的管理改变"以包代管"等问题，都需要整个行业去探索和解决。笔者认为，解决这些问题的答案就是，直接聘用劳动关系员工或形成多层次、规范的灵活用工。

总结与思考：如何建立适合企业的灵活用工方案

每家企业开展灵活用工的目的都不一样。不管是劳动关系下还是去劳动关系下，谈论灵活用工操作的前提必然是确定法律意义上的用工关系。笔者从去劳动关系下挑选一种用工形式来说明。笔者尽可能用简洁通俗的语言进行概括，毕竟一套完整的流程就是一个大型的综合咨询项目。

去劳动关系下的灵活用工：以劳务关系为例。

（1）沟通达成共识：HR 与老板、高管、相关部门就搭建灵活用工体系达成共识，包括目的、目标、时间、投入、支持等。

（2）数据分析调研：主要目的是了解企业目前的现状及存在的问题，也就是为搭建灵活用工体系找出原因。调研分析的内容大致包括组织架构、业务板块、人员组成、用工关系构成、人才盘点信息、收入与社保公积金、个税。涉及的数据应尽可能详细、准确。

（3）企业现状评估：根据上述调研和分析的结果，总结出企业的现状，明确搭建灵活用工体系（劳务关系）的目的（如降低企业用工成本和用工风险）。

（4）关系转型设计：此处以劳务关系为例进行说明。

设计前，HR 首先要找到适合搭建劳务关系场景的岗位或工作，如代理、销售、培训讲师等。其次，整理出该岗位或工作的具体内容，把它设计成真正符合劳务关系的场景，其特点是按结果付费。在转型过程中，HR 可以遵循如表 5-3 所示的逻辑进行操作。

表 5-3　劳动关系与劳务关系的转化

	劳动关系	劳务关系
合同签订	劳动合同	劳务协议
管理文件	员工手册	×× 管理制度 / 流程

（续表）

	劳动关系	劳务关系
收入认定	工资薪金	劳务所得
入账方式	以表入账	以票入账
管理方式	过程管理	结果管理
保险缴纳	企业社保缴纳	个人或第三方代缴社保、企业购买商业险
关系解除终止	劳动法律	双方约定
考勤考核	注重考勤（过程）	注重考核（结果）

需要注意的是，在将劳动关系转为劳务关系的过程中，除了上述提到的要找到合适的工作、整理并搭建合适的场景外，还要保证该员工已与原来的企业解除了劳动关系，企业再与其建立劳务关系，类似于退休返聘人员的操作。

在管理文件中会涉及大量的用工管理文件的调整，表格中仅列举了员工手册，因为员工手册是代表管理与被管理的文件之一。除此之外，所有的原劳动关系下的管理文件包括入职、离职文件都需要进行调整。只有适当弱化管理因素，才能达到相应的效果。

新个税法实行以后，从收入的角度来说，劳务所得每月的个税缴纳会比工资薪金所得高；但从年度汇算清缴的角度看，由于劳务所得在并入综合所得时还需要打八折，所以总体上还是更加划算的。

有 HR 会疑惑，如何处理劳务报酬的发票呢？鉴于现在人力资源行业的高度发达，自然人代开是较为便捷的。

在劳务关系中，设置考勤是没有必要的，甚至属于高风险事件，因为考勤属于企业管理的重要组成部分，如果企业设置了长期固定的考勤，则意味着双方处于管理与被管理的地位，用工关系就会变得异常尴尬；如果是其他用工模式，如非全日制劳动关系，则可以通过排班的方式进行考勤管理。

（5）设计方案的沟通确认：这主要是为落地时能够畅通无阻做准备。

（6）进行方案人员匹配：前期的方案中主要是针对模型、方法的搭建；最后落地是要对应到个人身上，也就是哪些人最后从劳动关系变成劳务关系。

（7）落地宣导沟通：方案形成后，如果涉及人员较多，HR 则需要开展集体宣导；如果涉及人员较少，HR 可以与其进行单独沟通。同时，HR 也要做好与人社部门、税务部门的沟通。

灵活用工方案与绩效体系、薪酬体系之类的方案有一个相似之处，那就是高度依赖行业特性，并且由于涉及地方和行业的法律与监管，还要考虑合规问题，所以笔者认为其难度不亚于绩效体系和薪酬体系的建设。